别输在不会表达上

刘薇 著

天津出版传媒集团

天津科学技术出版社

图书在版编目（CIP）数据

别输在不会表达上 / 刘薇著. -- 天津：天津科学技术出版社，2019.12
 ISBN 978-7-5576-6961-4

Ⅰ. ①别… Ⅱ. ①刘… Ⅲ. ①语言艺术－通俗读物 Ⅳ. ①H019-49

中国版本图书馆CIP数据核字(2019)第157816号

别输在不会表达上
BIE SHU ZAI BU HUI BIAODA SHANG
责任编辑：方　艳

出　　版：	天津出版传媒集团
	天津科学技术出版社
地　　址：	天津市西康路35号
邮　　编：	300051
电　　话：	(022) 23332695
网　　址：	www.tjkjcbs.com.cn
发　　行：	新华书店经销
印　　刷：	唐山富达印务有限公司

开本 880×1230　1/32　印张 6　字数 122 000
2019年12月第1版第1次印刷
定价：39.80元

为什么同事聚会你总会被冷落?为什么销售同样的产品,同事提成百万,你却总不开单?为什么孩子总是喜欢跟你对着干,你越吼他越不听话?为什么你开口朋友就开躲,不待见你的人越来越多?归根结底是因为你不懂如何表达。

伟大的心灵导师和成功学大师戴尔·卡耐基认为,一个人的成功,15%靠的是他的专业技能,85%靠的是他的口才交际能力。林肯也曾经说过:"口才是社交的需要,是事业的需要,一个不会说话的人,无疑是一个失败者。"好口才是事业成功的奠基石,是为人处世的助推器,是快乐生活的调味品。拥有好的口才不仅是公众人士应具备的素质,也是我们普通人应该拥有的一项技能。

21世纪固然是互联网的时代,是人工智能、大数据的时代,但终究还是人类的时代。在这样的时代,我们仍然需要交流、谈判,需要面对众人发表演讲。只要这一点不改变,锻炼口才就永远不会过时,下面这一串名人所处的时间跨度就是最好的证明。

比如晏婴、苏秦、张仪、马克·吐温……事实上,去掉"历史上"这个限制词，我们可以说出来更多人的名字，比如马云、奥巴马等。这些名人里面有政治家、企业家、文学家。总的来说，这些人物都曾经成功过、辉煌过。可见，口才交际能力对一个人成功的重要性是毋庸置疑的。

《别输在不会表达上》是写给那些因为情商低、社交低效、沟通能力差而让生活陷入困境、内心遭受痛苦，却搞不清楚到底出了什么问题的人；是写给那些想纠正伴侣或身边其他人不良沟通习惯，却不知道如何有效影响和改变他人行为的人；是写给那些有意愿摆脱社交不顺利、沟通不顺畅的处境，却不知道具体如何去改善的人。

本书结构简单明了，语言生动形象，内容丰富，案例新颖翔实，从多个方面入手，对如何提高表达能力进行了详细解读。希望能帮助您的表达能力迈上新的台阶，能成为您今后人生道路上的良师益友。

第一章 与对方产生共鸣，是有效表达的首要前提

开口前先微笑，能快速拉近双方关系　　002

适当寒暄，有利于消除与对方的陌生感　　005

关注对方，真正弄清他的心理预期　　009

开发共同话题，和每个人都聊得尽兴　　012

建立心理默契，谈话更顺畅　　015

第二章 懂点心理学，跟任何人都能搭上话

从众心理：站在大众的立场说话　　018

标签效应：适当地夸赞一下对方　　022

暗示效应：推动对方向着积极方向走　　026

权威效应：人们更喜欢听权威的话　　030

第三章 有效倾听，让你开口就能说重点

认真倾听，真正理解对方表达的意思　　034
要做到真诚倾听，应先忘掉自我　　038
"耳听八方"，领会对方的言外之意　　041
轻易打断别人，易造成不愉快的误会　　044

第四章 善于提问，能引领话题的关键走向

主动询问，挖掘出对方真正的需求　　048
打开话题，须站在对方的立场提问　　053
多问一句"为什么"，将赢得更多机会　　056
探测性问题，能了解较深入的信息　　059

第五章 强化说服力，让你更有逻辑地说服对方

说服忌太专业，让人听懂最重要　　064
利用数据，让说服如虎添翼　　069
巧用欲擒故纵，不知不觉搞定对方　　072
说一些赞美的话，说服自然水到渠成　　075
激将式说服，适当刺激一下对方　　078

第六章 不懂拒绝，你就注定吃亏一辈子

拒绝别人是每个人的权利　082
拒绝有解释，对方才更易接受　085
借用他人的意思，巧妙拒绝对方　088
采用拖延战略，婉转回绝不伤人　091
找到替代方案，轻松拒绝对方的请求　094
适当自贬，让对方理解你的难处　097

第七章 幽默有趣，告别笨嘴笨舌的自己

练好幽默力，一语胜千言　102
张冠李戴，达到一箭双雕的表达效果　105
利用夸张进行善意的嘲讽或规劝　108
幽默婉转，批评效果会更有效　111

第八章 说话有情感，温柔表达最暖人心

记住，每个人都是感性的　116
训练好声音，表达更具感染力　120
话不在多，用真诚拨动听者的心弦　124
多站在对方的角度说话　128
懂得安慰，让对方心中暖意绵绵　131

第九章 巧妙解围，懂救场才不会使人尴尬

维护他人的自尊，人际关系才更和谐　　138

灵活处事，化干戈为玉帛　　142

三思后言，避免覆水难收的尴尬　　145

批评话悦耳起来，对方更易接受　　148

转变思维说话，就能突破窘境　　151

第十章 说话有禁忌，切忌踏进危险的雷区

忌过于主观，以免思路钻进死胡同　　156

说话留余地，不要出口就伤人　　159

模糊表达容易让人产生误解　　163

多说积极正面的话，交流不易受阻　　167

附录

为什么你的话没人听　　171

如何克服当众说话的恐惧与紧张　　175

放下自己，沟通无阻　　179

第一章
与对方产生共鸣，是有效表达的首要前提

在与人沟通的过程中，最主要的就是让对方了解你的内心世界。而要达成这一目的的最佳方法，就是让对方意识到与你的共同点，从而迅速建立认知，即通常所说的产生共鸣。在日常沟通中，如果你能够利用好"共鸣"原理，你的表达就会变得有效。

开口前先微笑,能快速拉近双方关系

美国前总统尼克松无论在何种场合下,说话前总是先微笑地看着大家,就是说话时也会带着他那迷人的微笑。

如果我们在说话的时候面带微笑,气氛一定非常和谐,尼克松就是一个很好的例子,微笑就是他最好的武器,而且"尼克松的微笑"一度风靡美国,这也成为尼克松登上总统席位的基础。

如果一个人对你满面冰霜、横眉冷眼,说话不冷不热,而另一个人对你面带笑容、温暖如春,说话风趣幽默,他们同时向你请求帮助,你更愿意帮助哪一个?相信大多数人都会选择后者。

"伸手不打笑面人"就是对微笑的作用最好的阐释。你一见人就笑一笑,即使笑得不美、笑得不甜,也总比一副苦脸要耐看得多,可以在还没有开口时,就让大家的关系近了一步。

微笑在我们的生活中也是非常有用的,当你去时装店挑选自己喜爱的服装时,如果你能做到"向对方开口之前先微笑",那么,无论哪个柜台、哪位服务员都会愿意给你提供最好的服务,这就是微笑的魔力。

行动往往比语言更具体,而微笑正表示"我喜欢你,你使我快乐;见到你,我很高兴"等等。这时人与人之间的陌生感就会消除,而且能增进彼此间的关系。真诚的微笑是心理健康的标志,是自信的象征,是礼貌的表示,是与人和睦相处的反映,是成熟人格的表征。

微笑就像一瓶魔力神水一样,当你喝下去以后,就可以把那些令人阴郁、沮丧、恐惧、苦恼的种种情绪一扫而光。莞尔一笑,便能祛除灰色的心情和冷漠的隔阂;会心一笑,便能无言地传达对对方的喜爱之情。也就是说,微笑在我们说话的时候可以表现出它非凡的魅力。

1. 微笑可以很好地化解谈话的不愉快

我们在说话的时候,遇到的人有爱发脾气者、有刻薄挑剔者、有出言不逊者,应对这些难以对付之人,含蓄的微笑往往比口若悬河更有力。面对别人的胡搅蛮缠、粗暴无礼,你只要先微笑、冷静下来,就能稳控局面,用微笑减缓对方的刺激,化解对方的攻势,从而以静制动,以柔克刚。

2. 微笑可以缓解陌生人之间的尴尬

当你走入一个陌生的环境时,由于陌生或羞涩,你往往会端坐不语或拘谨不安,或者找不到开场的话语。此时,你若微笑,就能使紧张的神经松弛，消减此前的戒备心理和陌生感，相互产生良好的信任感和亲近感。因此，要让人微笑，你自己得先微笑。

3. 用微笑巧妙地拒绝别人

当别人有求于你时，你想拒绝却又无法说明原因，也不便向对方多说什么道理，但又不得不让对方"下台"，说"行"当然不好，说"不行"，又会使对方的不安心理加剧而产生强烈的反应。那该怎么办呢？微笑。它既能缓和紧张的情绪，免使对方难堪，又能免去言语不周而导致的麻烦，取得"此时无声胜有声"之效。而且，微笑还能为你赢得思考时间，借以找到更巧妙的处理方法。

4. 用微笑表达自己的歉意

如果你在话语中犯了错误但是又不好解释，微笑就是对他人表示和蔼友善的最好方式。微笑能反映出你控制和表现自己情绪的能力，也能显示你主动热情、坦率大方的个性，这时，只要你主动真诚地向他人报以微笑，一切便会和好如初。

微笑可以给我们带来很多好处，当你微笑时，整个世界都在笑，没有人愿意理睬一脸苦相的人。不要再吝啬你的微笑了，善于交际的人在人际交往中的第一个行动就是微笑。微笑能够使我们的谈话在轻松的氛围中展开，可以消除由于陌生、紧张带来的障碍。

微笑是说话的特权。微笑可以展示出你的自信，人们往往依据你的微笑来获取对你的印象，从而决定对你要办的事所采取的态度。

适当寒暄，有利于消除与对方的陌生感

林非先生是著名的散文研究家，在某次全国散文研讨会上，他做了散文方面的专题发言。发言中，他以一个房间的代表在门上贴着"请勿骚扰"四个字为例，谈到语言的轻重问题。发言前的晚上，他很想听听代表们的意见，于是来到一间门上贴有"请勿骚扰"字条的宿舍。

一进门，林非便笑着对大家说："各位，我来骚扰大家了！"大家一见是林非先生，立即站起来说："欢迎骚扰！欢迎骚扰！"一时，整个宿舍的气氛十分热烈。互致问候后，大家畅所欲言，各抒己见，就散文的语言问题展开了深入的讨论。这种效果的取得与林非先生所制造的愉快的开始不无关系。

虽然只是短短的一句话，但充分显示了这位散文家的语言机智，他信手拈来，谈笑间便消除了与他人之间的陌生感，增进了与他人之间的关系。

谈话是需要气氛的，愉快的气氛有时在不经意中产生，有时出自故意地营造，但无论属于哪一类，都必须做到自然，切忌生硬。聪明的谈话者往往在谈话之前就对谈话对象进行了充分的了解，并善于在谈话开始之前营造交谈的和谐气氛，从而使自己尽快进入角色。

在我们的日常交际中，一些谈话常常以不欢而散告终，原因之一就是未能创造谈话前的愉快气氛。心理学研究表明，人们在愉快的心情下交谈，易产生求同和包容心理，对对方观点的接受度增强，排斥力减弱。

跟初次见面的人寒暄，最标准的问候方法是："您好""很高兴能认识您""见到您非常荣幸"；比较文雅一些的话，可以说"久仰"，或者说"幸会"；想随便一些，也可以说"早听说过您的大名""某某经常跟我谈起您"，或是"我早就拜读过您的大作""我听过您的报告"等。

跟熟人寒暄的用语则不妨显得亲切一些、具体一些，可以说"好久没见了""又见面了"，也可以讲"您的气色不错""您的发型真棒""您的小孙女好可爱呀""今天的风真大"等。

寒暄是正式交谈的前奏，它的"调子"定得如何，直接影响着整个谈话的效果。因此，对寒暄绝不能轻而视之。寒暄的时候，有必要注意以下几点。

1. 寒暄应主动热情、诚实友善

寒暄时选择合适的方式、合适的语句是非常必要的,但这样的表示还有赖于主动热情、诚实友善的态度。只有把这三者有机地结合起来,才能达到寒暄的目的。试想,当别人用冷冰冰的态度对你说"我很高兴见到你"时,你会有一种怎样的感觉?当别人用不屑一顾的态度夸奖你"我发现你很精明能干"时,你又会做何感想?推己及人,我们寒暄时不能不注意态度。

2. 寒暄应适可而止,不要过分热情

做任何事情都应有个"度",寒暄也是一样的。恰当适度的寒暄有益于打开谈话的局面,但切忌没完没了。有经验的推销员,总是善于从寒暄中找到契机,因势利导,言归正传。

3. 有友好之意,敬重之心

寒暄的时候既不容许敷衍了事般地打哈哈,也不可以戏弄对方。如"来了""瞧您那副熊样""喂,您又长膘了"等说辞均应禁用,否则会让对方感觉到你对他不尊敬。

4. 删繁就简,不要过于程式化

寒暄应该简单明了,让人听了耳目一新,不要像写八股文那样又烦又长。

5. 注意民族性和地域性的寒暄语

问候语具有非常鲜明的民俗性、地域性的特征。比如,老北京人爱问别人"吃了吗?"其实质就是"您好!"你要是答以"还没吃"或者"刚吃",意思就不大对劲了。若以之问候南方人或外国人,则对方常会理解为"要请我吃饭""多管闲事""没话找话",从而引起误会。

6. 不要用容易产生误解的寒暄语

为了避免误解,达到统一而规范的效果,商界人士最好以"您好""忙吗"作为问候语,而不要乱说别的。牵涉个人私生活、个人禁忌等方面的话语最好别说,例如,刚一见面就问候人家"最近又失恋了"或是"现在怎么还吃药呢",都会令对方反感至极。

寒暄可以使双方放松一些、熟悉一些,营造一种有利于交谈的氛围。通过交谈,大家可以更加了解对方,有利于找到共同的话题,有利于采用策略进行深入交谈,所以切不可轻视寒暄的作用。

关注对方，真正弄清他的心理预期

某公司员工聚餐，两主管第一次私下交流，新主管举杯敬老主管说："林主管，您比我大，如果不介意，以后我就叫您林哥了。"

老主管说："这不好吧，我虽然虚长你几岁，但我是'行伍'出身，可比不了你们这些高才生，我看我以后还是叫你小陈老师吧。"

新主管说："林主管，您要是这样说，可就是看不起我了。小弟初来乍到，都得仰仗您照顾呢。"

老主管呵呵笑，说："我最扛不住别人给我戴高帽，而且公司没这先例啊，咱还是别坏了规矩吧？"

新主管说："我还真不是给您戴高帽，不说您真刀真枪拼出来的本事，就说您以德服人的作风，公司里哪个不翘大拇指。说到称呼，我就觉着咱们公司少了点儿人情味儿，我哥来哥去地叫着，也是为了让人觉得您亲切。"

老主管说："你要这么说，我还没词了。得，你愿意叫，我就愿意答应，咱们'周瑜打黄盖'，别人爱怎么说就让他们说去。"

新主管喜上眉梢，给老主管斟了一杯酒说："来，林哥，小弟再敬您一个。"

旁边刚来不久的小汪把这一切都看在眼里，他是新主管的直系下属，心想了解点新主管的套路对自己肯定有帮助。说者有意，听者更有意，于是小汪趁着大家酒至半酣，起身给新主管敬酒，也死活要给自己找个哥。不过，事后不久他就被调到了别的部门，他了解之后才知道，老主管是公司的"开国之臣"。老董事长退休之后，虽然把职位传给了自己儿子，但老主管却是"摄政大臣"，是公司真正的一把手。

因此，新主管找他当哥是"醉翁之意不在酒"，小汪这个时候"照葫芦画瓢"，怎么可能得到新主管的青睐。

其实，我们在与人交流的过程中，最应该搞清楚的不是对方是谁，而是对方想要成为谁。换句话说，我们不应该把思路停留在对方已知的属性上，还要弄清他们对自己的心理预期。有时候，由于环境等各种因素的限制，对方不能把自己的期待值直接表达出来，但只要是他们的心理期待，就会通过各种方式表达出来，尽管有时候会很细微而不易察觉。如果我们没有这方面的意识，不要说读懂那些细微的心理语言，就算对方的意愿明确地表达出来，也可能被你误解。

孔子曾经问子贡："你觉得自己和颜回相比，谁更优秀一些呢？"子贡立即回答说："我怎么能和颜回相比呢？他就好像是天上的日月，而我则如同地上的草芥，完全没有可比性啊。"孔子真的是在问子贡问题吗?是也不是,大多数人能看到前者,子贡却看到了后者。在诸多弟子中,孔子对颜回的偏爱是显而易见的,因而他在问这个问题之前心中就已经有答案了,子贡也深知这一点。所以,他没有停留在问题表面,而是直插孔子的心理预期,并且据此给出答案。如此一来,既成全了孔子的心意,衬托了颜回的才名,也成就了自己的让贤之德。

在诸多因素共同的作用下,我们不可能在现实中找到一个和自己的想法完全相同的人,因而即使面对相同的事物,与我们交流的人也可能产生别的想法。但是很多人总是习惯于用自己的想法去揣度别人的想法,认为自己喜欢的,对方一定也喜欢;自己厌恶的,对方一定也厌恶。如此一来,这类人就会在与人交往的过程中出现各种判断失误,而据此做出的行为也就难免会出现问题了。面对这种情况,我们要适度地展示出自己,让别人有一个清晰的了解,同时也要时刻关注对方,避免错过他们的自我展示。

最后,了解别人一个最好的参照标准就是自知,所谓"己所不欲,勿施于人"。真正的自知和自以为知是两个完全不同的概念,我们在平时的聊天交流中尤其要注意。通常来讲,这与学习的道理相同,一个人自知不足,就会不断地精进,从而确保在发展和前进中领先别人;而一个自知已足的人则觉得自己已经无所不知甚至无所不能了,只能是被别人超越后再做最后的挣扎。因此,我们在修习自己的沟通之术时也要有自知不足的意识,这是真正自知并坚持下去的基本前提。

开发共同话题，和每个人都聊得尽兴

美国历史上著名的罗斯福总统，善于开发共同话题，他的仕途发展也得意无比。不过最初，他只是政界的一个小人物，一次偶然，罗斯福获邀参加上流社会的活动，对此他进行了充足的准备。

可惜的是，聚会上的人他都不认识，大家也对他这个陌生来客视而不见。但罗斯福并没有打算放弃，通过仔细观察，他发现服务生是一个非常出色的人，应该经常为这些上流社会的人服务，并且对他们有一定了解。于是，他用小费赢得了服务生的好感，然后和他进行了一番交谈，从而对聚会上的大部分人有了基本的了解。

接下来，罗斯福首先锁定了一位教授，谎称自己曾旁听过他的课。由于罗斯福对教授的专业有所了解，教授立即对他产生了兴趣，二人热聊起来。很快，有人陆续加入他们的聊天，罗斯福适时地把话题转移到每个人身上，使他们都当了一把聊天主角，虚荣心得到了满足。

最终，大家的目光集中到罗斯福的身上，显然他将成为聊天的下一个主角。罗斯福知道,表现自己的时候到了,于是他将自己所做的功课全部展现出来,果然赢得了大家的好感。

开发共同话题可谓罗斯福最拿手的好戏。据史料记载,罗斯福在成为总统后,总能在国际场合与他国领导人随心所欲地交谈,政治协议的达成也总是无往不利。这正是因为他总能在交谈过程中开发共同话题,引起对方的兴趣,让对方愉悦无比。美国媒体还曾对罗斯福做出过一个耐人寻味的评论:很多人都不同意罗斯福的政见,但是不得不承认,极少有人不喜欢这位伟大的总统。

如果我们想要和每个人都能聊个尽兴,那么抓住一切信息来开发出共同话题就是一种很有效的方法。但这种方法并不是一劳永逸的,我们通过共同话题与对方成功攀谈,只是完成了第一步。接下来,我们还应该根据对方的信息表露,进一步深化交流程度,争取和对方产生情感共鸣。当然对于习惯低调内敛的中国人来说,是不会轻易表露感情的。这就要求我们要有分步骤开发共同话题的意识和技巧,比如先和对方谈工作、家庭,然后谈价值观、世界观和人生观,等到对方无话不谈时,沟通的目的也就实现了。

俗话说,物以类聚,人以群分。对于那些有相同爱好的人来说,总有谈不完的共同话题,即使是陌生人相遇,也往往能够一见如故,相见恨晚。这不禁给了我们一丝启示,如果我们能够了解沟通对象的兴趣爱好所在,即使自己对相关事物并不在行,只要表现出一定的兴趣,也必定能够拉近彼此的距离。对此,人们可能还会有一个误会，认为只有功力深厚的人才能谈论相关话题。事实上，只要我们有一点入门级的常识，就可以以学习的姿态去和对方"探讨"。

开发共同话题能够迅速获取对方好感，得到对方认同后，可以拉近彼此距离，让我们和对方的交流顺畅无比。我们要练就宽阔的胸襟、包容一切的情怀，抱着学习的心态去交谈，如此才能把话说到对方心坎里，让对方产生好感，使自己成为交际达人。

建立心理默契，谈话更顺畅

　　海伦·凯勒是美国著名的作家和教育家，幼年时期因为一场疾病她失去了大部分的感官能力，只有触觉保持正常。面对这样的灾难，海伦·凯勒一开始也像大部分残障孩子一样，性格变得越来越孤僻和暴戾，整个家庭被她搅得不得安宁。

　　后来，安妮·莎莉文老师开始与她接触，并且教她用仅剩的触觉和这个世界交流。最初阶段的教学很简单，老师会让她触摸某个物品，然后在她的掌心上写下这个物品的名字。但这么简单的事情对于一个只有触觉的残障孩子来说也是极其困难的。在水房，飞溅的水珠滴在海伦·凯勒的脸上，老师立即在她的手上写下"水"字，这才终于和她建立了沟通。

　　而在此之前，海伦·凯勒甚至不知道老师为什么总是让她摸东西，然后在自己手里胡乱比画些什么。搞懂了老师是在帮她认识世界以后，海伦·凯勒的学习速度开始突飞猛进。由于建立了高度的心理默契，老师甚至教会了她一些抽象名词。经过日积月累之后，海伦·凯勒最终能够自如地阅读各种盲文版书籍，包括庞杂的《大英百科全书》。

后来，在莎莉文老师的帮助下，海伦·凯勒得以和很多人正常交流，而老师也总是能够准确领会并表达她的意思。正是由于这种高度的心理默契，海伦·凯勒得以了解世界，并成为一名优秀的作家和教育家。

相比之下，我们这些正常人能够和外界交流的方法太多了，尤其是在进入信息时代以后，人们传递和接收信息的渠道越来越多，同时也越来越便捷。但是，我们的默契度是否有所提高呢？我们和朋友分享美食的方式，不是坐在一起共同品尝，而是用相机拍下来发到网上；我们给朋友送新年祝福，不是登门拜访，而是不知道从哪里复制来的"排比句"……甚至亲戚和邻里之间都只是打个招呼，而不是亲切的关怀和问候了。

然而面对这种情况，人们却变得越来越习以为常，孤立的个体不再习惯面对面的交流，这俨然已是当下的风潮和主流。长此以往，我们在与别人沟通的时候又怎么可能产生心理默契，并达成预期的沟通效果呢？

在期待与某人进行沟通之前要尽量弄清对方的详细情况，所以在接下来的沟通过程当中，要尽量了解对方的真实想法，并且适当表达自己的真实想法，如此才能慢慢建立起彼此之间的心理默契。只要心理默契一达成，接下来的沟通就会顺畅无比。

第二章
懂点心理学，跟任何人都能搭上话

在日常沟通中，也许你会羡慕别人在万人讲坛或辩论场上滔滔不绝地演说，或是进行激烈的唇枪舌剑，或者成为三五个人聊天的中心。而自己却总是笨嘴拙舌，讲错话，得罪人。其实，你如果能够掌握一些心理学知识，根本不会比那些人逊色，而且你会更有可能成为说话高手，形成一套自己的说话"心术"。

从众心理：站在大众的立场说话

从众心理有着非常广泛的应用，在很多场合或者领域都会用到。比如，你在图书馆看书，旁边坐着一位戴耳机正在听音乐的读者，但他的耳机音量太大，扩散出来的声音干扰到了你的正常学习。此时，如果你抱怨说："太吵了，能不能把声音关小一点儿！"对方或许会照做，但他不会向你道歉，还会对你表示反感。相反，如果你轻声地对他说："不好意思，打扰一下，你耳机的外音太大了，这样会吵到大家的，你看能不能把音量调小一点儿？"相信对方除了照做之外，还会对你的提醒表示真挚的感谢。

人一般都有服从多数人意见的"从众心理"，也就是说，当你站在大众的立场向对方提出交涉时，即便你所说的情况只是一种假设，对方也会在这种心理潜移默化的影响下听你的话。当你把"大家"作为宾语的时候，就会把对方的怨言降到最低。相应地，你的表达效果也会达到最佳。

关于从众心理，美国社会心理学家所罗门·阿希曾经做过一个非常著名的线段实验。

这个实验非常简单,就是让大家在几条长短不一的线段中比较线段的长度。阿希拿出一张画有一条垂直线段的卡片,然后让大家比较这条线段和另一张卡片上的3条线段中的哪一条等长(如图2-1)。事实上,这些线段的长短差异非常明显,正常人很容易就能做出正确的判断。

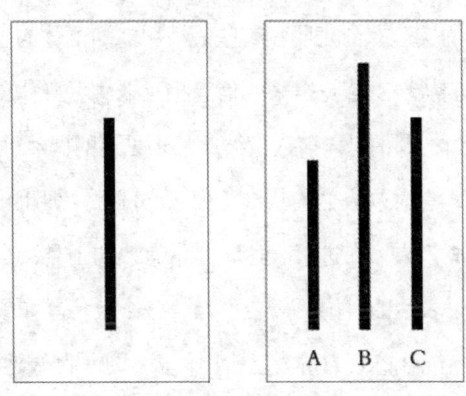

图2-1　线段实验

不过,阿希为这个实验设置了一些小小的"障碍"。他告诉前来参加实验的志愿者,这个实验的目的只是研究人的视觉情况。当某个志愿者走进实验室的时候,他会发现已经有5个人先坐在那里了,他只能坐在第6个位置上。但是,这个志愿者不知道的是,前面5个人是跟阿希串通好了的假被试者(即所谓的"托儿")。实验时,那些串通好了的被试者会故意做出错误的判断,于是,那个真正的志愿者就需要在他希望报告的结果和其他群体成员报告的结果之间做出选择。

这个实验一共进行了18次，结果令人震惊。在答案显而易见的情况下，仍然有33%的志愿者会遵从团体的不正确答案，有75%的志愿者会至少遵从一次。即使团体不够大也会有如此的从众行为，当团体成员有2~16个人，只要有3~4个实验者的助手在其中，就会有效地让他人产生从众行为。

阿希的实验充分表明：有些人情愿追随群体的意见，即使这种意见与他们从自身感觉得来的信息相互抵触。群体压力导致了明显的趋同行为，哪怕是以前人们彼此从未见过的偶然群体。

当然，有时候人们的从众心理未必理性，但也正是因为这一特点，它才成为人们在进行表达时非常有效的工具。在运用人们的从众心理进行表达的时候，需要遵循一些小技巧。如果能将它们运用到位，你就能让群众力量为己所用，极大地增强表达的效果。

1. 告诉对方"这是潮流"

这种技巧特别适用于商业、销售领域，比如，你想推广自己的产品，就要把它打造成一种潮流，让人们觉得如果自己不买就落伍了。如果要选一个在这方面做得比较好的案例，"脑白金"广告绝对算是其中一个。它那脍炙人口的广告语"今年过节不收礼，收礼只收脑白金"早已家喻户晓。这种"说服"效果如何呢？数据是最好的答案：脑白金自1997年上市以来，已在中国畅销20年；截至

2014年，脑白金连续16年荣获保健品单品销量第一。

2．找几个"托儿"

上文中讲到的从众心理的实验，如果没有"托儿"的辅助，就无法进行。所以说，"托儿"是人们运用从众心理进行表达时非常必要的要素。

3．搬出"大家"当靠山

既然是讲从众心理，自然要有"众"可从，那么这个"众"从哪里来呢？很简单，只要把"我"变成"大家"，从众心理自然会在对方心中成型，而你也就很自然地找到了靠山。

标签效应：适当地夸赞一下对方

心理学家克劳特曾经做过这样一个实验：随机选出一批志愿者，让他们对慈善事业进行自愿捐款，然后根据是否有捐款以及捐款的多少将这批人中的一部分分为"慈善的人"和"不慈善的人"；另一部分参与者则没有被下任何结论。过了一段时间，再让这些人去捐款，发现第一次捐款时被说成是"慈善的人"比那些没有被下过结论的人捐款要多，而那些第一次被说成是"不慈善的人"则捐得最少。

心理学家将人们的这种心理现象定义为"标签效应"，并认为当一个人被下了某种结论之后，就像是被贴上了某种标签。而一旦有了这样的标签，他自己就会做出相应的印象管理，从而使自己的行为与所贴的标签内容相一致。比如，你对小孩说："你真是太聪明了，而且又这么刻苦，在学校一定是好学生。"听到这样的评价，小孩子反而会在学校里表现得格外用心，而且一心往大人评价的方向努力。相反，如果总是在小孩子面前说"你这个笨蛋，做什么都做不好，有什么用"，则可想而知，这样的小孩会如同大人所说的一样，真的会在学习方面表现得像个笨蛋。

其实，标签有好的一面，也有坏的一面。好的标签可以激发潜力，而坏的标签则可以让一个人误入歧途。标签既可以用在认识的人身上，也可以用在陌生人之间。比如，你和某人初次见面，而且你们将来会有某种合作的关系，你希望对方是一个有决断力的人。此时，你不必与他促膝长谈，只需在短暂接触后，就可以夸他是"一个很有决断力的人"。放心，即便对方不是这样的人，他也会被你这句话约束，从而在接下来的行为中表现出"有决断力"的样子。

每个人都喜欢把自己最美的一面展现在他人面前，在你善意地给对方贴上一个好的标签后，就会促使对方在行为上扮演一个高尚的角色。

周末，李林带着3岁的女儿乘坐公共汽车准备回家，但车上的座位已经被全部占满了。可能是下午在动物园里走的路太多了，女儿上车后一直嚷嚷着累，要找座位。正好，在她们旁边有一个小伙子在睡觉，而且占了两个人的位置。

看到这一幕，女儿指着那个小伙子，哭闹着要他让座。不过，小伙子装作没听见，继续睡觉。此时，李林弯着腰对女儿悄悄地说道："这个哥哥太累了，他要是醒了，肯定会给你让座位的。"

就这样，还不到一分钟，那个小伙子就"醒了"，而且非常客气地让出了一个座位给她们。

很显然,这个小伙子刚开始的行为并不高尚,但是李林给他戴上了一顶高尚的帽子,他只是顺从地扮演了"高尚"罢了。我们常说人性本善,而且趋善也是人的一种本能心理,给人贴标签的方法,正是利用了人的这一心理。

基于大众心理的这一"标签效应",我们有时候也需要反思一下自己对待他人的态度是否合理。比如,作为领导,你无意识地给下属贴上了一个不好的标签,却还渴望他们会有一个好的表现,这不是很矛盾吗?

所以,为了让"标签效应"在沟通的过程中发挥出更好的效果,我们还需要注意以下几个方面。

1. 标签要合情合理、积极正面

前面我们已经讲过,好的标签会催生善的行为,而不好的标签会催生坏的结果。所以,为了让对方朝着好的方向发展,在给对方贴标签时,最好多用一些正面的词汇来形容他们。

2. 标签要有可行性

所谓的可行性就是说,你给对方戴的"高帽子"要符合他的身份、能力、条件等。如果你给对方贴的标签太"高大上",根本不具备可行性,对方就会感到尴尬,甚至会觉得你是在故意戏弄他,进而对你产生怨恨的情绪。

3. 标签要有挑战性

这个应该很容易理解，就是说给对方贴的标签要超出他们原有的水平，这样才能激发他们行动的欲望。如果标签太普通或者太困难，就会让他们觉得很无趣，没有吸引力。

4. 标签要不易被察觉

如果你仔细研究，就会发现给他人贴标签其实就是在进行心理暗示或者激励。既然如此，就应该不露声色地进行。如果让他们发现了动机，那么标签的效力就会大打折扣，甚至彻底无效。

5. 标签要持久

给对方贴标签，自然是要有一个持久的影响，那么你在进行语言表达时就要格外注意。比如，你看到孩子在帮妈妈洗碗，便鼓励他说："今天你真是太棒了！"不可否认，这也是一种标签，但对孩子而言，这只是对他刚才行为的一种赞美，因为你说的是"今天"。如果换种说法，改成"你真是太棒了"，这对他而言才是真正的标签，他会把你赞美的重点放在"你"上，而不是"今天"上。

暗示效应：推动对方向着积极方向走

与自我暗示的对象是自己不同，暗示效应中暗示的对象主要是他人，目的就是改变他人的想法。在沟通过程中，谁掌握了暗示的力量，谁就会无往不利，因为人们都有依照暗示行事的倾向。比如在商场里，售货员一般不会说："女士，你要这双鞋子吗？"而是用一种富有暗示性的语言问道："女士，这双鞋你是打算直接穿走还是用盒子给装起来？"当销售员这样问的时候，即便顾客刚开始只是打算试一试，也会在销售员的暗示下产生购买的冲动。

暗示有时候会很微妙，但在影响他人方面却有着非常强大的力量。

拿破仑·希尔在教授应用心理学的时候，曾经做过这样一个实验：他拿出一个标有"薄荷油"的瓶子，然后告诉在座的学生里面有浓缩的薄荷油，只要在手帕上滴一滴，薄荷的气味就可以在40秒内传播到教室的每一个角落。接下来，希尔打开瓶塞，把里面的液体往手帕上滴了一滴,同时转过脸,嗅了嗅鼻子,假装闻到了一股很强烈的气味。接着,他让闻到薄荷味的同学举手。通常情况下,有超过一半的学生都会举手,最多的时候举手比例可以高达3/4。接下来,希尔拿起瓶子,一口气喝完了瓶子里的液体。随后,他告诉学员,瓶子里装的不过是水罢了,根本就没有薄荷油。同学们之所以"闻到"了薄荷的味道,不过是通过暗示的机制在大脑中虚构的假象而已。

美国心理学家詹姆斯·威廉曾经通过研究得出这样的结论:大多数人都只应用了自身能力的很小一部分;而在激发潜能方面,暗示有着独特的魅力,因为它可以长期留在人的潜意识里并支配人的行为。暗示自己,可以克服困难,迎接挑战;暗示别人,可以改变他的思想,成功将其说服。

在美国,有一个叫亨利的年轻人,因为种种原因,陷入了绝境。一天,他一个人在河边溜达,望着静静流淌的河水,他感慨万千,甚至怀疑自己是否还有活下去的必要。他很小的时候就成了一个孤儿,在福利院长大。他相貌平平,身材矮小,连说话都带着浓厚的法国乡下口音。因为自卑,他连最普通的工作都不敢去应聘。

约翰是亨利的朋友,他早就想说服自己的这位朋友振作起来,但一直不知道该怎么帮助他。后来,他终于想到了一个好办法。

这天,他兴冲冲地跑到河边,找到了亨利,装作很严肃地说道:"亨利,我刚从广播里听到一个消息,说拿破仑曾经丢失了一个孙子。广播员描述的外貌特征和你很像。我怀疑,你是不是就是拿破仑丢失的孙子。"

"真的吗?你是说我有可能是拿破仑的孙子?"听到好友这般说,亨利的精神为之一振。回到家里后,亨利拿出了拿破仑的肖像跟自己做了比较,结果发现自己和他还真有几分相似之处。那一刻,他甚至有一种对着肖像喊一声"爷爷"的冲动。想到同样身材矮小的"爷爷"曾经指挥着千军万马去打仗,他顿时也从自己矮小的身体里感觉到了无穷的力量。此刻,他那带着口音的话语,倒让他感觉有几分高贵和威严。

第二天,他就充满自信地到了一家大公司应聘。20年后,他终于查清了自己的身世,却发现自己和拿破仑没有任何关系。不过,这已经不重要了,因为他已经是一家大公司的总裁了。

亨利的成功便是暗示的力量发挥了作用。事实上,每个人身上都有这种力量,主要看你是否能把它挖掘出来。既然如此,那么暗示的力量究竟来自何处?按照心理学家的分析,言语中的每个词都是外界事物和生活现象的表象,都会在人的大脑中有所反映。基于此,暗示可以改变大脑皮质的兴奋度,进而起到调节机体机能的作用。因为这些改变,人们才会朝着暗示的方向走。暗示在影响人的情感、观念、行为、意志等方面,都有着非常巨大的作用。

当然，暗示有积极和消极之分。比如，桌子上放着半杯葡萄酒，有人会说"太好了，竟然还有半杯酒"，相反，也会有人说"真扫兴，竟然只剩下半杯酒了"。同样是半杯酒，有人欢喜有人愁，这便是积极暗示和消极暗示所带来的结果。积极的暗示如同一种无形的力量，在潜移默化中推动着自己或他人向着理想的方向前进；而消极的暗示则会让人产生一种消极的态度，并引发不良的后果。

权威效应：人们更喜欢听权威的话

通常，我们在写文章的时候，总是喜欢引用权威人士的话。之所以要用到这些人的话语，并不是赶时髦，而是因为他们的话更具说服力。不仅仅是写文章，包括说话的时候，若能套用一个权威人士的观点或说辞，也会让你的表达效果倍增。

一家图书公司刚推出了一本新书，不过销量并不理想，这让负责销售的经理很苦恼。一天，他听从了一位朋友的建议，决定搞点儿营销方面的策略。他先是托人把这本书寄给了总统，诚恳地期望总统为这本书写上一段评论性的文字。不过，日理万机的总统根本没有时间处理这样的小事，就敷衍地托人告诉经理"这本书不错"。

于是，这位经理立马召开了一个新闻发布会，当众告诉记者："连总统都说这本书不错。"结果可想而知，此书立刻引起了评论界的关注，并在市场上大卖。

第二章 懂点心理学，跟任何人都能搭上话

对于销售经理而言，他的目的是让广大读者来购买自己的图书，但他并没有走传统路线，即对图书本身进行大肆渲染，而是借助总统的权威效应来扩大影响。他知道，就算自己把图书夸得再天花乱坠，也比不上总统一句简单的赞美。之所以借助权威人士来增加表达效果，是因为权威人士有威望，他们做的事会被他人争相模仿，他们说的话也会更受人们重视。正所谓"人微言轻，人贵言重"，说的就是这个道理。

权威效应是一种普遍存在的社会心理现象。比如，商场、企事业单位会请社会各界名人雅士题字；书籍的封面上，会引用一些名人的推荐语；公司的宣传资料上，会出现老总与名人的合影；等等。这些都应用了权威效应。当然，权威效应有好也有坏。消极的权威效应是以权威人士的名望来吓人、压人，属于"拉大旗做虎皮"的行为。对此，我们自然要坚决抵制。而那些积极的权威效应，凭借其强大的感召力，成为很多为了练习口才、提升说话技巧的人常用的策略。

说到权威效应在提升口才、说话素养方面的作用，很多人会有一种误解，以为只有权威人士的话才管用。其实，只要是一个被大众广泛认可的人，他就可以产生权威效应。激发权威效应的可以是一个人说的话，也可以是涉及这个人的故事。当然，权威效应的刺激点不局限于人，它也可以是一些有影响力的机构，或者某个知名的品牌等。比如，一个毕业于哈佛商学院的本科生就比毕业于其他不知名学校的本科生在商业评论领域更有发言权；引用《经济学人》《哈佛商业评论》里面的数据就比引用微博、微信里面的数据更具有说服力。试想一下，如果你在论文里面引用了一组数据，导师问其出处，你说来自微信公众号，他会做何感想？你的论文还有通过的可能吗？所以说，不管说话办事，都要注意素材、依据的权威性，唯有这样，才能让对方信服。

权威固然很重要，但是我们在与人沟通交流的时候也不能张嘴权威，闭嘴也权威。比如《武林外传》里面的吕秀才，常常是"子曰"不离口，结果到后来，只要他一张口说"子曰"，其他人就齐刷刷地把手伸出来摆出要发飙的姿势。这个故事至少给我们两方面的启迪。

其一，权威效应可以用，但不能用得太多。因为大家本来是想听你的观点的，结果听了一大堆"名人名言"，反而让人感觉你在卖弄，从而对你的谈话内容失去兴致。

其二，引用权威的时候，除了要看具体的说话场景之外，也要考虑受众。比如《武林外传》里面这个吕秀才，就是个情商严重不足的人。店里的伙计，多是闯荡江湖的文盲，哪里会听得懂"子曰"。

第三章

有效倾听，让你开口就能说重点

倾听是以对方为中心的，我们在倾听的过程中必须学会把自己"放下"，然后围绕着对方展开沟通。俗话说："说要让人家爱听，听要让人家爱说。"如何判断我们是否善于倾听呢？一个最简单的标准就是在我们倾听时，对方是否正在积极表达自己的观点，并且因为我们的理解而神情愉悦。因此，学会有效倾听是我们提高自身表达技巧的关键，也只有提高了倾听的能力，才能提高我们的表达能力，让我们开口就能说重点，从而建立顺畅的交流通道。

认真倾听，真正理解对方表达的意思

苏格拉底是西方历史上著名的哲学家，同时也是一位举足轻重的教育家，他晚年的学生人数曾一度高达数千人。一天，苏格拉底像往常一样走上讲台，手里拿着一沓厚厚的纸卷。在开始授课之前，他忽然对学生们说："今天的课不用记笔记，它的意义不在于此，希望大家认真听讲，如此必定有所收获。"

大家见苏格拉底这样说，也乐得放下手中的纸笔，一个个开始端坐听讲。然而，一直等到授课时间结束，苏格拉底仍然没有教授与以往不同的知识，甚至比往常讲解的内容更加简单和平淡。很快，苏格拉底为大家揭开了谜底，他将那沓纸卷分到每个人手里，说："正如大家所听到的，这堂课并没有什么特别。也正因为如此，大家应该听得很清楚了，但是否真的听进去了呢？请各位把记住的内容写在纸上。"

如此一来，学生们都抓瞎了。不要说那些上课开小差的学生，即使端坐听讲的学生，想要把苏格拉底的授课内容全部默写下来也不是一件容易的事。结果，大多数纸卷交上来之后都是空白的，只有几份写了少许内容。苏格拉底看到最后，发现有一位学生工工整整地写下了授课的全部内容，比课堂上做的笔记都要详细。对此，苏格拉底满意地笑了。而这位给出满意答卷的学生，就是后来闻名于世的亚里士多德。

其实，貌似倾听和真正倾听的效果有着天壤之别。虽然不可能每个人都有"走马观碑，目识群羊"的本领，但是倾听过后记下多少将是检验我们是否用心倾听的重要标准。如果我们未能用心倾听，又怎能进入对方的世界，进而建立顺畅有效的沟通呢？苏格拉底曾经说过："一个真正善于倾听的人，往往也是一个善于接纳的人，而且他所接纳的不仅是对方，还有对方的智慧。"对此，我们要深以为然，并且努力学习，再到实践中去不断地验证和内化。

要想成为一名合格的听者，必须达到心耳合一的境界，光用耳朵听是远远不够的，还要全身心地投入，满足对方自我表现的欲望，才能达到无声说话的目的。每个人都是一个独特的世界，都是一道美丽的风景，只是被深深地掩藏在心灵的帐幕之后。当一个人把他成功的喜悦、失败的痛苦、人生的惆怅表白给你的时候，你用你的倾听将阳光播撒于他的世界，你的倾听给予他的是对他失败的同情、成功的赞赏和生命能量的激发。

那么如何才能做到认真倾听，而不被对方认为你是在敷衍他呢？

1. 对讲话的人表示称赞

这样做能营造良好的交往氛围。对方听到你的称赞越多，就越能充分而准确地表达自己的思想。相反，即便你在交谈中流露出半点消极态度，也会引起对方的戒备，进而对你产生不信任感。

2. 全身心地投入

你可以这样做：面向说话者，同他保持目光的亲密接触，同时配合他做出一定的姿势和手势，无论你是坐着还是站着，都要与对方保持适当的距离。每个人都愿意与认真倾听、反应灵活的人交往，而不愿意与推一下转一下的"石磨"打交道。

3. 要耐心地倾听对方的问题

不要在别人说话的时候打断别人，而接着由自己发挥。这种不礼貌的行为会扰乱对方的思路，或者抢了对方的风头，让对方耿耿于怀。时刻记住：当别人说话时闭上你的嘴，让你的耳朵保持顺畅。即便对方言语乏味，你也要耐着性子聆听。因为别人对你说的话不会感兴趣，除非他已经说完。

4. 向对方提出问题

作为一个倾听者，不管在什么情况下，如果倾听过程中，你不明白对方的话是什么意思，就应该及时用适当的话语让他知道这一点。比如，你可以向他提出问题，或者简要概述听到的内容，以便于对方纠正你听错之处。如果你什么都不说，对方怎么能知道你是否听懂了呢？还要注意，在倾听对方说话的同时，别提太多的问题。问题提得太多，容易使对方思维混乱，难以集中精力。

5. 让自己的表情与对方同步

即让你的表情和对方的神情一致。如果对方说的是幽默笑话，而你却一脸愁苦，别人势必会认为你在想自己的心事；如果对方讲到紧张处的时候，你屏声静气，无疑会让对方产生一种成就感。

6. 用眼睛去认真地听

倾听别人谈话时，不能只是被动地接受。除了用言语表达你的意见，还要用肢体语言反馈你的信息。其实眼睛也能倾听，你注视着对方，则表示对他的话感兴趣；若你一副东张西望、心不在焉的样子，这就是在告诉别人你很无聊，不想再继续听下去了。

耳听八方，能让我们跟上时代的步伐；广纳群言，能让我们保持清醒的头脑；谦虚谨慎，能让我们增长知识。要做到这些，前提是要学会倾听。倾听别人说话表示敞开了自己的心扉，坦诚地接受对方、宽容对方、体贴对方，这样才能让彼此的心灵融通，建立起良好的人际关系。

要做到真诚倾听，应先忘掉自我

一位父亲找到一位心理咨询专家，向他请求帮助："我真的很想理解我的孩子，但他根本不愿听我的话。"

"让我来重复一下你刚才说的话。"专家回答说，"你不理解你的儿子。因为他不肯听你的话。"

"是的。"他回答说，

专家说："你不理解你的儿子是因为他不肯听。"

"我也是这么认为的。"他不耐烦地回答说。

"我认为要理解另一个人，你必须听他说。"专家说。

"哦。"这位父亲在停顿了很长时间之后，又说了一声："哦！"仿佛恍然大悟似的，"是这样的。不过我了解他，我知道他正在经历什么事情，我自己也经历过同样的事情。我想，我所不理解的是他为什么不愿意听我说。"

这位父亲其实一点也不知道他儿子的脑子里到底想的是什么，

他只从自己的头脑里找答案，还以为看透了儿子，可是他并没有用心去聆听，又怎么能理解自己的儿子呢？

要做到用真诚的心去聆听，我们必须暂时忘掉自我意识，要使自己沉浸在与对方的谈话中，要使对方可以发泄情绪，觉得自己真正被了解，而不是被评判。有效的倾听技巧必须建立在关心他人及真心想了解他人的基础上，以下是倾听他人情感、表达关注的几个要点。

1. 正面对着你的交谈者

正面地对着一个人往往被认为是一种投入的基本姿势，它似乎是在说："我同你在一起，你随时可以得到我的帮助。""面对"一词可从字面上理解，也可以作象征性的解释，重要的是你所采取的身体朝向能够告诉对方，你正与他同在。如果正面相对会使你或他有一种威胁感，那么采取一种斜角的位置也可以，关键是你的关注质量。

2. 保持良好的目光接触

两个深入交谈的人保持良好的目光接触是很重要的，这种目光接触是以另一种方式在说："我跟你在一起，我在认真地听你说的话。"当然，如果你偶尔将目光投向远处，对方还能接受，但是如果你的目光不断地飘向别处，你的行动便给出了不情愿与对方在一起或对他的事不感兴趣的暗示。

3. 经常将身体倾向对方

这是表达关注的可行方法。只要注意一下两个亲密交谈的人，我们就会发现：他们都倚靠在桌子上，向对方倾斜，自然而然地表现出关心。人们往往将轻度地倾向某人看作是"我对你所说的话感兴趣"；而身体往后仰，甚至是斜靠，这可能表示着"我的心没有完全在这儿"或"我有点厌烦了"。但过于前倾也有可能吓着对方。

4. 用开放的姿势倾听

双手双脚的交叉有削弱你给他人的关心感和愿意提供帮助的感觉，而开放的姿势可成为一个信号，显示出你对当事人和他的信息持接纳的态度。开放的姿势通常被看作一种非戒备的姿态。

5. 做到暂时忘我

在忘我地倾听时，我们不必搬出自己的经历，不必去想别人的想法、感情、动机和解释；相反，我们要了解的是那个人头脑里和心灵上的实际情况，倾听是为了理解，我们关注的是与另一个人心灵的深刻交流。

因此，一个善于倾听的人首先不能有像评论家一样的态度，听的一方必须面对这样的情况——有时候你必须要听。

"耳听八方",领会对方的言外之意

有人走进你的办公室,然后对你说道:"我快要累死了!昨天、前天和大前天晚上,我都加班到十点钟才回家,我真的是累坏了!"你作为主管,听了那个人说的话应该可以找出这句话隐含的讯息,也许很可能还有其他讯息,是你应该知道的。

那个人想要传达的弦外之音可能是这样的:"我实在需要别人帮忙。我知道公司雇用我做这个工作,是希望我自己一个人做。我担心的是,如果我对你说我需要帮忙,你会认为我没有替你做好工作,所以,我不想直接说出来,我只是告诉你,我现在的工作量太重了。"

另一个隐含的讯息可能是这样的:"上一次你评估我工作成效的时候,提起工作态度的问题来,并且还说希望每个人都更加努力工作,现在我只是想让你知道,我正在照着你的指示去做。"

还有一个隐含的讯息可能是:"我有点担心,怕保不住工作,遭到公司辞退,所以我希望你知道,我是个多么尽职尽责的职员。"

也许还有这样一个隐含的讯息:"我希望你拍拍我的肩膀,希望你这位上级主管对我说:'我知道你工作很努力,我非常欣赏你的工作态度。'"

说话者不好将自己的意思直接表达出来,这个时候需要一个聪明的听话者领会他话中的意思,这样才能将事情办妥。

倘若想要传达的隐含讯息没有人注意听,很容易就会被忽略掉,下一次再有隐含的讯息则会以无可奈何的态度表达出来,就好像有时职员向老板或人事部门申诉的原因可能不是真正的因素。真正的原因要从隐含的讯息中去发掘,可能员工说出的"工作累"是觉得在现就职的公司工作没有什么前途,或者是升迁渠道不畅通。那个职员也许没能得到肯定的回馈,但是又不好说出来,所以只好找个比较好说的原因来说,但那却不是他真正想要说的。

毫无疑问,生活中我们是需要言外之意的。在很多时候,我们说话不能太直接、太露骨了。那么如何才能做到耳听八方、眼观六路呢?以下几种方法可以帮我们有效地听出别人的言外之意。

1. 了解对方的真正意图

即听出说话者的意图、期望、愿望、设想、观点、价值观等。你并不需要同意或接受这些概念、观点或者价值观,而是要尽力去理解它,这样才能为下一步交谈做好准备。

2. 仔细揣摩对方的语言

同样的话对于不同的人来说有不同的含义，如同一词语在48岁的父母和16岁的儿子眼里有区别，在50岁的老师和11岁的学生眼里同样有差异，要尽力揣摩这些话的隐含意义。如果沟通双方没有以同一方式理解，那么同一话语就会呈现出不同含义。

3. 倾听非语言暗示

手势、腿部动作、声调、眼神、面部表情这些都是非语言信息，它们构筑成信息传递的一个重要组成部分。仔细观察、倾听和谨慎评价你面前的这种信息，用眼睛"听"（也就是观察非语言信息）和用耳朵听同样重要。尽管市面上有大量阐述身体语言的书籍，但是要谨慎对待，可能有些作者告诉你点头表示同意，但并不是所有场合都是这样的，现实中必须根据文化背景和个人风格来理解身体语言和其他非语言沟通。

所以，对于倾听者来说，要想从中摸索对方脉搏，诊知他人心理，确实要有一定的修养，掌握一定的方法，积累一定的经验。

轻易打断别人，易造成不愉快的误会

在工作之余，园园总是喜欢找同事聊天，本来聊聊天谈谈心是一件好事情，可是园园的一个坏毛病却害了自己。

有一次，园园和李姐聊明星八卦，李姐无意中提起××和××最近传绯闻了，李姐才说了两句，园园马上就打断了李姐的话："哪儿呀，我看的杂志不是这样讲的，明明就是××和××在一起的……"

李姐见状就转了个话题，说到自己对人生的看法，可是没说两句又被园园给打断了。一直到最后，都是园园在滔滔不绝地说，完全没给李姐张嘴的机会。可是园园却没有感觉到李姐的不快，自己的这种说话方式已经成了一种习惯，一种无意识的行为。

后来，园园又去找李姐聊天，李姐借故推辞了。园园很郁闷，想要改掉打断别人讲话的坏习惯可总是改不了。

培根曾经说过:"乱插话者,甚至比发言冗长者更让人生厌。打断别人说话是一种最无礼的行为。"每个人都会情不自禁地想表达自己的愿望,可是若不去了解别人的感受,不分时机、场合地打断别人说话或抢接别人的话头,就会扰乱他们的思路,把本想要说的都忘了,因此引起对方的不快,有时甚至会产生不必要的误会。

一个精明而有教养的人在和别人聊天时,即使对方长篇大论地说个不停,也绝不会插嘴,因为他知道,打断别人说话,不但是件不礼貌的事,而且什么事也不容易谈成。

所以,要想在与人交际时获得好人缘,要想让别人喜欢你、接纳你,就必须改掉随便打断别人说话的坏习惯。在别人说话的时候要做到:不要抢着替别人说话,不要急于帮助别人把话说完;不要用不相关的话题打断别人说话,不要用毫无意义的评论打乱别人说话;不要为了争论一些鸡毛蒜皮的小事而打断别人的正题。

虽然在别人说话时随便插话是非常不礼貌的,但是如果有必要表明你的意见,非要打断谈话,一定要注意以下插话技巧。

1. 暗示某个人

当你要找交谈者中的某一人处理事情时,可以先给他做一些暗示的小动作,这样他一般会主动找机会和你说话。不过要注意的是,你不要静悄悄地站在他们身边,否则会被认为是在偷听。你可以先跟他们打个招呼:"很对不起,打断你们一下。"当他们停止交谈时,你就赶快用尽可能简洁的语言说明来意,一旦事情处理完毕，要马上离开现场。

如果你想加入他们的谈话，可以找个合适的机会，礼貌地说："对不起，我可以加入你们的谈话吗？"或者大方客气地打招呼，让你的朋友或同事帮着互相介绍一下，那样很快就能打破彼此间生疏的感觉。

2. 礼貌请求

在交谈的过程中，如果你想补充另一方的谈话或联想到了与谈话有关的情况，想立刻做点说明，这时，你可以先对谈话者说"我插一句""请允许我补充一点"，然后再说出自己的意见。这样的插话不要过多，以免扰乱对方的思路，但适当有一点，则能起到活跃谈话气氛的作用。

3. 先表态再发言

如果你不同意对方的观点，一般也不要打断他的谈话。若你们比较熟悉，或者问题十分严重，也可以先表示一下态度，等对方说完后再进行详细阐述。不过要注意的是，即使分歧再大，也不能恶语伤人或出言不逊。就算和对方发生了争吵，也不能斥责、讥讽或辱骂对方，最后要友好地握手告别。

第四章
善于提问,能引领话题的关键走向

俗话说:"会说的不如会听的,会听的不如会问的。"一个善于提问的人不仅能够引领话题的走向,让谈话始终围绕自己关心的主题展开,而且能够让对方产生兴趣和好感,最终得到自己预期的结果。但是很多人不知道如何系统地进行有效的提问。本章将介绍一些提问的技巧,希望能在说话方面给你提供一些有用的思路。

主动询问，挖掘出对方真正的需求

王大爷去超市买水果，来到第一家摊位前挑挑拣拣，好像心思并不在眼前的水果上。摊主见了以为王大爷无心购买，连正眼都没有瞧一下，只顾着为其他人服务。王大爷看到摊主正在忙碌，不好意思上前麻烦，只好离开。

他来到第二个水果摊，售货员主动询问："大爷，来买点水果啊。"

王大爷说："我想买点桃子。"

售货员说："您算来着了，我这里的桃子都是最新鲜的，又甜美又多汁，您尝尝。"

王大爷却低头拿起了较为青涩的一个品尝，感觉不是很满意，但还是勉强挑了几个。上秤一称，不过一斤多点儿，售货员的脸色也不怎么好看。

他又来到第三个水果摊，售货员热情地攀谈："大爷，您想买点什么水果？"

王大爷说："我想买点桃子。"

售货员看了王大爷手里拎的桃子，说："您想吃点什么口味的呢？"

王大爷说："我想要点酸的。"

售货员说："您怎么喜欢酸桃子呢？"

王大爷说："我儿媳妇怀孕了，她想吃酸的，医生建议我买点桃子给她吃。"

售货员说："哦，原来是这样，我帮您挑吧。"

说着，售货员为王大爷挑了满满一袋酸桃子，上秤一称，足足有五斤。售货员继续说："大爷我跟您说，孕妇吃桃子肯定没问题，但吸收起来比较慢，基本上只能由大人吸收。如果您想让胎儿也跟着吸收，最好来点猕猴桃，而且这种水果熟透了之后也带着酸味，很好吃。"

王大爷一听，自然乐得照做，于是售货员又为他称了五斤猕猴桃。

由此我们可以看出，作为一名倾听者，我们要尽可能从表述者口中挖掘有价值的信息。但并不是所有表述者都愿意主动开口，因此我们必须要有主动询问的意识，然后再根据对方反馈的信息做出准确判断。正如案例中所述，第一个售货员执着于自己的判断，对王大爷不说不问，因此失去了一位顾客。第二个售货员只说不问，最终只卖出有限的商品，而且双方的沟通氛围也不是很融洽。第三个售货员则既说又问，不仅成功卖出了很多商品，而且根据王大爷反馈的信息还卖出了其他商品。

不难想象，如果交流只是单纯地一个人说，另外一个人听，将是多么得索然无味！双方的内心世界将如同两条平行线，永远不会有相交的可能，预期的沟通目的也势必难以达成。相反，如果我们能够问出对方所想，就能够将沟通有效地引入正轨，尽早达成沟通目的。更重要的是，提问能够让沟通双方的思维产生交集，并且碰撞出美妙的火花，让双方的交流处于实质阶段。在现实的生活和工作中，很多好的建议都来自发问，甚至可以说，如果没有发问，就没有真正的沟通。

胡适先生曾经说过："学问学问，不光要学，还要会问。"无论是面对生活还是工作，提问都能给我们的思路注入新活力，很多具有发散性和建设性的想法往往都来自发问。比如一个学生如果能一个劲儿地发问，说明他非常热衷于思考，其进步也必然是最快的；再比如一位老师，如果他能不断向学生发问，尤其是对一些不常提出问题的学生，很可能会开发出一个有价值的教学点；又比如追求女孩子时，若能抓住每个可以向对方提问的机会，实际上就等于抓住了了解对方和接近对方的机会。

当然，我们在学习发问技巧的同时，也要在提问中努力弄清自己所处的状况，很多时候提问能够防患于未然。这是因为人们总是热衷于根据自己的经验对事物进行判断，有时候甚至听不进别人的不同建议，直到结果出现，我们才发现与自己预想的大相径庭，然而已经悔之不及。一个聪明的沟通者不会对任何事物进行主观臆断，甚至不会轻易进行主观叙述，而是把提问习惯性地挂在嘴上，在得到自己想要的答案后就闭口保持缄默。

提问是打开交谈之门的好办法,在问话时最好是问对方知道的问题或最内行的问题,不能没有边际地乱问,那样只会起到相反的作用。下面是提问的几种类型,以做参考。

1. 一般提问

这个提问是最大众化的,可以用在任何场合,这种提问方式可以调动对方回答问题的积极性,如果能配以赞许的笑容,效果就会更好。

2. 选择提问

提问要有所选择,在提问的时候不要提出对方不能或不愿作答的问题。一开始提问时不要限定对方的回答,也不要随意搅乱对方的想法。

3. 真诚提问

这种提问主要体现在个人表现方面,在提问的时候不能故作高深、盛气凌人、卖弄学识,要给人以真诚和信任的印象,形成真诚信赖的心理感和交谈气氛,交谈才能正常愉快地进行。

4. 因时提问

提问要看时机,说话的时机也就是说话的环境,包括两人所处的自然环境、社会环境、语言环境和心理环境。

5. 因人提问

人有男女老幼之分，有千差万别的个性。人们处于不同的工作岗位和生活环境，拥有不同的知识水平和社会阅历，所以提问必须以对象的具体情况为准，对象不同，提问的内容和方式自然应有所区别。

6. 适当提问

提问要讲究得体，便于对方回答。提问能否得到完满的答复，很大程度上取决于怎样问。适当地提问能使人明知其难也喜欢回答，当我们需要对方毫不含糊地作明确答复时，适当提问是一种较理想的提问方式。

以上是一些交谈中的提问方式，我们应学会在说话中灵活运用。提问是打开对方话题的金钥匙，提问要形象、贴切，不可生搬硬套。

打开话题，须站在对方的立场提问

日本寿险业著名的"推销之神"原一平是一个提问高手，他能用提问的方式很快打破尴尬的局面。

有一次，他去拜访一家建筑企业的董事长渡边先生。可是渡边先生并不愿意理会原一平，刚见面就给他下了逐客令。但原一平并没有退缩，而是用了一个巧妙的提问："渡边先生，咱们的年龄差不多，但您为什么能如此成功呢？您能告诉我吗？"

原一平在提这个问题时并不是心不在焉的，而是语气非常诚恳，脸上表现出来的样子跟他心里想的一样，即希望向渡边先生学习其成功的经验。

面对原一平的求知渴求，渡边不好意思回绝。于是，他请原一平坐在自己座位对面，向他讲述自己的经历。没想到这一聊就是三个小时，而原一平始终在认真地听着，并在适当时候提一些问题，以示请教。

直到谈话的最后，原一平也没有提此次来的目的，而是对渡边先生说："我很想为您写一份有关贵建筑公司的计划，可以吗？"此时渡边已经被这位诚心求教的人打动了，自然点头答应。

原一平花了整整三天三夜，把一份建筑公司计划书做了出来。这份计划书内容非常丰富，资料翔实，而且提出的建议也非常有价值。

渡边先生依照原一平的这份计划书，结合实际情况具体地操作了起来，结果效果显著，业绩在他们见面的第三个月后提高了30%。渡边非常高兴，把原一平当成了最好的朋友，也为原一平今后的发展提供了很好的帮助。

当与对方发起交谈时，把你谈话时间的99.9%都用在提问上，而不是用来说自己，这就是打开话题的金钥匙。千万不要没完没了地谈你自己的事情，除非你极其有把握，知道谈比不谈更好。因为在很多时候，对方对你或你的事情根本就不关心。

很多人一说到提问就会想到警察或者交警等，这是对提问的误解。尽管我们在日常生活中经常用到提问，如买东西、看病等，但是我们真的会提问吗？在对话过程中，发问的技巧很重要，对不同的人可提不同的问题。

如果你面对一位医生，想要向他了解一下最近的病情，而你在医学方面完全是个门外汉，你可以说："近来乙型肝炎好像又开始流行了，你们大概又忙于给大家打预防针了吧？"这个问题既是大家关心的，又是对方的分内工作，经你一问，对方的话匣子便能打

第四章 善于提问，能引领话题的关键走向

开了。从乙型肝炎的症状谈到饮食卫生，这样就可以与他一直谈下去，而且大家都是很愉快的。

在谈话过程中要注意表达出你的感情，特别在提问方面更要用心。如果你留心的话，完全可以通过富有同情和理解感的问句调动对方的情绪。要达成这样的理想状态，首先要做的，就是站在对方的立场发问。

有位先生向来很晚才回家，有一天没有加班，他早早地回到了家中。妻子有些惊奇又有些埋怨地说："啊，已经回来啦，我还没准备晚饭呢。今天怎么这么早呢？"

这怪怪的语气让丈夫有些不爽："你这说的是什么话？以前回来得晚你要埋怨，今天早早回来了你还埋怨！"妻子听丈夫的口气，心里也变得不高兴了："这该问你自己怎么回事才对。明明总是晚回来，偶尔早回来一天就好像给了多大恩情似的。"两个人就这样吵了起来。

其实只要试着站在对方的立场上问两句，糟糕的状况完全可以避免。丈夫可以这样表达："今天太难得了，好不容易早回来一天，惊喜吧！"或者，妻子可以这样说："啊呀，今天回得真早呢，还没吃饭啊？现在做饭可以吗？要不今晚咱们出去吃点？"如果两个人能够把对方要说的话当作自己提问的内容，那么相互间都会有所让步。这种表达同情和理解的提问方法最能深入人心。

多问一句"为什么",将赢得更多机会

乔先生想要买一条吊带裤,他走进一家专卖店。当时他的头脑里就想着一件事:买一条吊带裤。他没有想过要买别的东西。

那天是周六早晨大约九点,商店刚刚开门。乔先生就走进专卖店,对着柜台旁边的小伙子说:"我要买一件吊带裤。"小伙子很友善地回答了一句:"嗯,好的,先生,请您到那边。"

于是乔先生过去,看到那边挂着一排吊带裤。他选了一条,然后回来了。小伙子问:"您准备如何付款?"乔先生把信用卡拿出来,递给了那名小伙子,结了账之后,乔先生走出了店门。

整个购买过程没有发生任何其他的事情,乔先生与小伙子几乎没有进行真正的交流。随后,乔先生沿着街角走了一段路,转到了一座电器城,他突然想起来自己需要买一个20元的闹钟。他知道自己需要什么,并将需要牢记在心:20元的闹钟。

一个年轻的女孩站在电器城门口,一见乔先生就迎了上去,对乔先生说:"您好,先生,欢迎来到电器城。"

第四章 善于提问，能引领话题的关键走向

乔先生点头说："嗯，你好。我需要一个闹钟。"

"闹钟，"她说，"太好了。我们这有很多品种供您选择。"她指给乔先生看，然后问："先生，我能问您一个问题吗？"

乔先生点头道："可以。"

女孩说："为什么您决定今天购买呢？"

乔先生告诉她，"我的新房子里缺少闹钟。"

"啊，原来如此，那么，真的要恭喜您了，乔迁之喜，可不能马虎。顺便问一句，您有电视机吗？"乔先生意识到自己还没有电视机。于是女孩带着他去看了电视机。

接着女孩又说："顺便问一句，您有音响吗？"乔先生意识到自己还没有音响。于是女孩又带着他去看了音响。

女孩还问了乔先生一些其他的问题，因此，也带乔先生去看了更多的商品。最终乔先生花了3000元，带着自己的闹钟走出了商场，当然，还有一些其他的东西。

注意以上两个销售员的差异。电器商场的销售员引导了会谈的进程——她围绕"那天为什么去商场"这个话题，与乔先生攀谈起来。而男装专卖店的销售员未曾主动攀谈，没有问乔先生为什么到这里买衣服，虽然他的业务也成功了，只不过他的收获比较小。

浅层沟通流于表面，获得的信息量太少，只有深入地沟通，才能给发问者带来更多信息，更多利益。

假设你现在与一家会计公司合作，一天你接到了他们的电话。

客户在电话里说:"我要找一种绿色的特殊用具。"你的目标不应该是简单地完成这个订单,你的任务还包括获取更多的客户信息。因此你应该问他:"为什么要绿色的呢?"从这个问题出发,可以收集更多的客户信息,能帮助你赢得更多的机会。

探测性问题，能了解较深入的信息

秦先生是一位培训师。每次有客户找他，他就会问对方："我很疑惑。我知道您想要做销售培训，但是您为什么想到要做培训呢？"

客户们常会这样说："我们想提高销售业绩。"

秦先生则会说："您希望做销售培训是因为想提高销售业绩，但是您是怎样得到这个结论的呢？您为什么认为销售培训就是解决问题的好途径呢？"

这样的问话听上去好像要自断后路似的。实际上，秦先生从客户对问题的回答中可以获得大量的信息。通常，他可以从中发现客户是否与竞争对手有过沟通，这些竞争对手是谁，为什么客户决定不与那些竞争对手联系而选择求助于自己。

请注意这种深入沟通背后的奥妙：当秦先生向客户提出那些看似自掘坟墓的问题时，客户经常会自愿透露有关存在哪些竞争对手及与这些竞争对手沟通的原因等方面的信息。如果是你,你难道不想获知有关竞争对手的信息吗?

日常对话中,人们经常担心自己的喋喋不休会使听众感到厌烦。但想要获得信息,你就必须让对方多说。探测性问题恰好针对人们这种不愿深入细节的倾向,鼓励对方提供更为多元化的答案,并对之进行详细的说明。

当被访者的叙述不够清楚时,可以运用探测性问题澄清你所获得的信息。当某个板块的信息出现缺失时,你也可以运用探测性问题让被访者予以补充。这样可以有效保证所获信息的完整性。

通常,探测性问题的表述形式十分程式化,一样的问题可以用在不同的访谈当中,至于究竟选择哪一种表述就要看谈话的具体情境。探测性问题的表述一定要与当下的情境意义相符。

如果有人对你说"我去了商场",你应该问:"接下来发生了什么?"探测性问题的表述一般不构成真正的问题。它们简单、短小,只要与被访者所说内容相协调就可以了。

探测是想让被访者就其刚刚说过的内容进行更深入细致地解释和阐述。你既可以在同一个访谈中追问,也可以在后续访谈中再追问,但你必须当场就决定是否"探测"。在一场访谈中,开始阶段所做的探测要比末尾阶段多。

探测性问题将告诉被访者,你所寻求的回答应具有什么样的深度。当你询问那些不明白的关键概念时,被访者就会明白,他们需要向你解释某些技术术语、缩写概念甚至流程,这些对他们来讲都很平常，但像你这样的外行人可能就不知道。

虽然探测性问题在鼓励被访者说话方面有着非常积极的作用，但我们仍然要注意尽量控制探测性问题的数量，以避免让对方显得唐突。如果可能，保持几秒钟的沉默，等被访者继续，但这通常很难做到，很多提问者都担心冷场会带来不好的感受，影响谈话的继续进行。如果你不善于使用短暂沉默的技巧，那么也可以通过点头或其他举止暗示对方"再多讲点"。只有在相当确定某信息非常重要的情况下，才去探问那些缺失的信息，或者要求对方对某个混乱语句进行澄清。

探测得太多、太冒昧也会影响谈话的顺畅性。在访谈中说"是的，我明白"，一次两次可能表示赞同，但如果访谈者将其重复20次就只能被当作是机械回应了。第一次问"你是怎么知道的"，被访者可能会给出如何知道某事的具体说明，但如果问好几次就会造成一种不好的印象——似乎你并不相信被访者的观点或结论。因此，如果探测性问题被过度使用，探测将会带来适得其反的后果。

使用探测性问题无非就是让对方对交谈发出积极的响应。下面是探测性问题的使用方法，掌握这种方法有助于你灵活使用追踪问题和探测性问题，并有效提升被访者的积极性。

开始的时候，你需要提出一个宽泛的主要问题。例如，你可以问某组织的首席财务总监一项预算是怎么决定的；你可以问一个十几岁的电脑游戏爱好者当前有哪些热门的电脑游戏；也可以问一个社会服务机构的负责人该机构在困难时期是怎么维持下来的。

接下来，对方会很宽泛地讲述某个事件。这个时候，你可以进一步问："那是一个转折点吗？"这种问法中，主要问题只是引子，关键在于接下来的追问和探测。

我们不能希望只要某个主要问题被提出来，熟悉情况的谈话伙伴就会像河流上的某道闸门被打开了一样，让信息奔流直下。我们应该主动去探测，激发被访者的说话兴趣。当然，现实情况并不如文字中描述得那样简单，这里只是提供一种简单的方法，目的在于激发你的思考。

第五章
强化说服力,让你更有逻辑地说服对方

说服他人,有很多战略。至于究竟采用哪一种战略,主要看要说服的对象是谁,对方与你的关系怎样。其次,再看你说的事情属于什么性质,是工作方面的,还是生活方面的?是严肃的,还是活泼的?我们固然坚信"条条大道通罗马",但也应该相信,从我们启程的那个地方到罗马终究会有一条最近的、最适合我们的路。成功地说服对方就是我们到达了目的地——罗马,而好的战略就是那条最近的、最适合我们的路。

说服忌太专业,让人听懂最重要

2016年6月16日凌晨,当LIGO科学合作组织和Virgo合作团队宣布他们已经利用高级LIGO探测器,首次探测到了来自于双黑洞合并的引力波信号后,全世界的媒体、物理科学家都在为之沸腾。那么,这样的发现究竟有什么意义,为何能在全世界激起如此大的浪潮呢?

事实上,关于这一发现的意义,哥伦比亚大学物理学教授绍博尔齐·马尔卡打了一个颇为形象的比方:人类此前的天文学发现都好似"眼睛",而引力波的发现意味着人类长了"耳朵"。如果从这个角度来理解引力波的发现,相信很多人会对这次探测的意义感同身受。

从某种程度上讲,科学家做出这样的类比也是为了"说服"听众,让他们意识到这一发现的重大意义。如果科学家用晦涩的术语来阐述这一发现,则即便爱因斯坦再世,估计也无法让大众理解,更不用说让人们相信了。这便是通俗易懂在说服过程中的魅力。

第五章 强化说服力，让你更有逻辑地说服对方

语言的表达方式千差万别，在说服的过程中，最理想的做法就是用最通俗的语言表达出你的观点，而不是说一些想当然的话或者别人听不懂的术语。那么，具体该如何操作呢？

1. 少用术语

有人认为，讲术语既能体现自己的专业，也才能增加自己的说服力。实际上，这一逻辑从根本上就是错误的。首先，术语的出现并非为了突显自己的专业，而是为了方便专业人士之间的交流。其次，真正专业的人士不是那些见了谁都能讲出一大堆晦涩的术语的人，而是可以用浅显易懂的语言把自己的理论讲明白的人。

就说服而言，你的目的不是在他人面前展现你所谓的"专业"，所以不要被自己的思维引导着偏离了方向。当然，我们讲的是少用"术语"，而不是完全不用，因为语言表达技巧再好的人，也不可能把每一个术语都用通俗的语言阐释出来。所以，术语可以用，但一定要把握好一个度。

2. 多用类比

类比是人们在阐述自己的某个观点时常用的技巧，目的是让对方更好地理解自己，如同上文哥伦比亚大学物理学教授绍博尔齐·马尔卡把引力波的发现比喻为人类在天文学方面长出了"耳朵"。类比之所以会在说服过程中发挥出作用，就是因为每一个人都有想象力，可以把两个原本不相干的事情之间的相似点串联起来。鉴于

此，人们在使用类比的时候，一定要保证自己所列举的两件事情或物品之间存在着这种形似的关联，否则，运用类比非但无法达到说服的目的，还会被他人嘲笑。

被誉为"电学之父"的法拉第曾经为众人做过一个电磁学的实验表演，实验结束后，有人站起来问他："这有什么用呢？"法拉第几乎没有思索，冲着刚才发话的人问道："那么，先生，请问刚出生的婴儿有什么用呢？"

说句心里话，我们不得不佩服法拉第的睿智。他将一个尚处于研究初始阶段的电磁学理论和新生婴儿做类比，实在是再恰当不过了。首先，就"初始"这一共同的特征而言，没有人会质疑这一类比的合理性。其次，谁敢说刚出生的婴儿没有用呢？毫无疑问，没有人敢说，因此，说电磁学无用的观点就不攻自破了。实际上，电磁学与人类的很多其他发明一样，在初始阶段的价值都不是很大，但随着研究的深入、功能的改进，它们也渐渐地显示出了非常巨大的潜力。当然，法拉第能够如此迅速地做出这样的类比，也和他对所研究的电磁学的热爱有很大关系。或许，在他的内心，电磁学就是他的孩子。

3. 讲好故事

亚里士多德曾经说过这样一句话："我们无法通过智力去影响

别人，而情感却能做到这一点。"或许，我们也可以这样说："我们无法通过逻辑去说服别人，但可以通过情感去达成。"这一观点现在也得到了很多心理学家的认可，而且他们通过实验也证明了，情感有时候确实比理性更有说服力。不过情感只是一种思维，具体该通过什么样的方式去达成说服的目的呢？事实上，没有比讲故事更好用的办法了。

有位男子在机场被警察扣留，原因是有人怀疑他偷了自己的钱包，而且警察也确实在他身上找到了失主丢失的钱包。那么这究竟是怎么一回事呢？据这位男子说，他有一个和失主一模一样的钱包，可能是临走的时候拿错了。不过，因为这位男子的钱包已经丢失，无法提供"物证"，所以他最后还是被当作嫌疑人扣留了。这位男子不甘心，很快就为自己找了一位辩护律师。男子委托的律师并没有提供什么证据，也没有进行严谨的推理，只是当着大家的面讲了一个故事：

"在我小的时候，有一天看到自己的狗叼着邻居家的兔子，而且兔子已经死了。我的第一反应是，我的狗咬死了那只兔子。为了保护狗，我决定把这件事隐瞒下来，所以我把兔子洗干净、毛吹干，又放回了邻居家的兔笼里。我想，这样的话就没人知道了。"

"第二天，邻居来我家串门时说了件趣事，他说自己的兔子三天前就死了，他们把它埋到树林里，可不知哪个神经病，把兔子挖出来、洗干净又放回了笼子里。这时候我才知道，我错怪了我的狗。"

"原本明明白白、清清楚楚的事情，最后却不是真相。在这起案件中，从表面看来是我的当事人偷了钱包无疑，但也不能排除他真的只是误拿。现在大家无法100%确定我的当事人不是误拿，而这，就是我们所说的合理质疑。"

通过讲述小时候的故事，这位律师成功地为自己的当事人进行了无罪辩护。事实上，讲故事这种说服技巧，不仅可以让听众更容易理解你的意思，还能够引发他们的思考，从而给他们留下深刻的印象。

第五章 强化说服力，让你更有逻辑地说服对方

利用数据，让说服如虎添翼

对于一个渴望说服他人的人，数据也是一个非常重要的工具。与道理相比，数据更直观，也更客观，而且可以量化和保存，所以它在说服过程中有着得天独厚的优势。

借助数据进行说服在人们的日常工作和生活中非常常见。比如，销售员在说服顾客购买某个产品的时候，除了使用"经久耐用"和"安全卫生"这些常用的词汇之外，还会使用诸如"15道工序""3次严格的卫生检查""连续使用3万个小时"等数据词汇。与那些空洞的自夸式宣传相比，这种将数据直观呈现的方式更能打动顾客的心。

当然，有些时候，人们也会遇到这样一个问题：自己明明已经把基本的信息都告诉了对方，而且这些信息也都非常准确，丝毫没有夸张的成分，为什么对方还是不相信呢？事实上，遇到这种情况时，说服者就应该考虑使用精确的数据这种更加直白的方式来打消对方的疑虑。

1972年,来自纽约的一位国会女议员发表了一次呼吁女性在政治生活中赢得平等地位的演讲。她在演讲中这样说道:"几个星期前,我在国会倾听总统发表的讲话,当时坐在我周围的700多位政府要员中,只有12人是女性;在435名众议员中,只有11人是女性;在内阁以及最高法院中没有一位女性。"

最后,这位女国会议员的演讲获得了听众的高度认可,而且在社会上引起了广泛的讨论。其实,对于国家政治事务中男女比例失调的问题,每一个人都意识到了,没有引起大家关注的原因之一,便是人们的意识是模糊的。这位女国会议员给出的数据是真实的,而且对比非常鲜明,一下子就刺激了大众的神经。

当然,数据的运用也不是说随随便便就可以发挥效应的,如果运用不当也会产生不好的结果。为了让数据在说服过程中的价值最大化,人们在说服的时候也需要把握好以下几个方面。

1. 确保数据的真实性和准确性

如果说服者使用的数据不准确或者不够真实,那么数据就失去了它原本的意义,自然也就没有了说服的价值。更为严重的是,如果被说服者发现了信息的虚假或者错误,就会以为说服者是在欺骗或者愚弄他们。

有些数据是固定不变的,有些数据则会随着某些参数的变化而随之发生变化。所以,为了确保信息的准确,说服者需要在做说服工作之前对这些数据进行检查或者核实。

2. 注意数据的客观影响力

当你应用一些数据的时候,目的很明确,就是为了让对方相信你说的话。那么,该如何更好地达到这一目的呢?试想一下,在说服某个人购买你的产品或者服务时,举一个具体的例子是否会比单纯的数据更有说服力呢?同样,举一个名人的例子是否会比举小人物的例子更有说服力呢?毫无疑问,答案是肯定的。

3. 要把握一个正确的度量

数据固然可以辅助说服者达成一定的目的,但要注意的是,它只是一种工具,并不是万能钥匙。所以,我们在说服工作中使用数据时也要把握一定的度量。如果数据使用得过于频繁,就会让听者厌烦,甚至激起对方的反抗心理。

巧用欲擒故纵，不知不觉搞定对方

"欲擒故纵"原本是《三十六计》中的一个策略，其实人们在沟通交流、谈判、说服的时候，也可以利用欲擒故纵的策略实现自己的目的。

以谈判为例，即便自己在各方面都占优势，也不要一下子把对方的路堵死。留一条退路给对方，不仅有利于对方做出妥协，也不会让他们觉得太没面子，毕竟谈判的终结不意味着双方关系的终结。在使用欲擒故纵的策略进行说服工作时，脸上应故作轻松，表现出满不在乎的样子，或故意说反话，能让对方在没有任何压力下，快速跟你达成你想要的协议。

明朝有个状元叫杨开庵，是四川人，因为讽刺过皇上，所以皇上打算发配他到很远的地方充军。杨开庵想：如果充军是不可避免的话，那还是离家乡近一点儿好。于是，他便去求见皇帝。

杨开庵说："皇上发配我充军，我也没啥说的，反正在哪里都

第五章 强化说服力，让你更有逻辑地说服对方

是为皇上效劳。不过，我有一个小小的要求。"

皇帝问："什么要求？"

杨开庵说："随便您把我发配到哪里都行，只要不去云南的碧鸡关（今昆明）。"

皇帝问："为什么？"

杨开庵说："皇上有所不知，那个地方的蚊子有四两，跳蚤有半斤！这些都是我平生最讨厌的东西，所以切莫让我到那里充军呀！"

皇帝心想：哼，你怕到碧鸡关，那我就我偏叫你去那里。

于是，皇帝就下旨把杨开庵发配到碧鸡关充军了。

杨开庵很懂皇帝的心思，他知道如果自己直接说要去云南的碧鸡关，皇帝肯定不会同意，便故意说自己不想去那里。这样，杨开庵利用了皇帝的逆反心理，把欲擒故纵的说服策略隐藏得非常到位，而除了他自己之外，压根就没有第二个人知道他刚才其实已经成功"说服"皇帝了。

美国的一家航空公司想要在纽约建立一座航空站，希望爱迪生电力公司能够以低价优惠供应电力，可是遭到了婉言拒绝。爱迪生电力公司推托说是公共服务委员会不批准，他们也爱莫能助，所以谈判陷入了僵局。航空公司知道爱迪生公司自认为客户多，电力供不应求，所以对接纳航空公司这一新客户不太感兴趣。事实上，公

共服务委员会并不完全左右电力公司的业务往来，说公共服务委员会不同意低价优惠供应航空公司电力，其实只是一个借口。

航空公司意识到，再谈下去也不会有什么结果，于是索性不谈了。与此同时，他们还放出风声，称自己将会建发电厂，那样更划算。爱迪生电力公司听到这个消息后，马上改变了态度，立刻主动请求公共服务委员出面，从中说情，表示愿意给予这个新客户优惠价格。结果，不但航空公司以优惠的价格和电力公司达成了协议，并且自此之后的大量用电的新客户，也都享受到了同样的优惠价。

从以上的两个案例中，我们不难看出，要想让对手按照自己的意愿办事，就需要给对方某些具有一定的诱惑力的暗示，从而掌握说服的主动权，达到欲擒故纵的目的。

在应用欲擒故纵的策略时，务必要保持半冷半热、不紧不慢的状态。比如，在日程安排上不显急切；当对方态度强硬、表现嚣张时，采取"不怕后果"的轻蔑态度等。

采用欲擒故纵的策略时，如运用到假象，就务必要在上面多下些功夫，让它看起来和真的一模一样，以防因为过于粗糙而引起对方的怀疑。这其实也借助了人们惯有的一种心理：信息的来路越曲折，或者说手段越不正当，其真实性也就越大。所以，最好通过非正式渠道传播假象，经第三方之口发布，这样做，对方反而会更加相信。

说一些赞美的话，说服自然水到渠成

赞美也能说服别人？这是很多人看到这一标题的第一个疑问。当然，赞美本身只是说服的一种方式、一个过程，至于最后是否能够达到自己想要的结果，还需要看我们如何利用其他技巧将赞美的作用发挥到最大。

王倩在一家建材城当导购，因为长期在销售一线工作，所以她对顾客的心理有着非常精妙的把握。一次，有位顾客在一款地板面前驻留了很久，王倩便走上前对顾客说："您的眼光太好了，这款地板是上个月的销量冠军，也是我们公司的主打产品。"顾客问了一下价格，王倩说："这款地板的原价是175元一平，现在折后的价格是160元一平。"

"好像有点儿贵啊，能便宜点吗？"

"您家在哪个小区？"

"在世纪星城小区。"

"世纪星城应该是市里很不错的楼盘了,听说小区的绿化非常漂亮,而且交通也方便。现在这么好的小区不多了,您能住在那里,真是好福气啊!"

顾客听了这些话,也得意地笑了笑。

王倩接着说:"您今天来啊,正是赶上好时机了,我们公司近期正在对世纪星城小区和幸福家园小区做一个促销活动,这次还真能给您一个团购价的优惠。"

顾客为难地说:"不过小区现在还没交房呢?没有具体的面积怎么办呢?"

王倩说:"这您不用担心,您要是现在就提货还优惠不成呢,因为我们公司按规定要达到30户以上才能享受优惠,今天加上您这一单才27户,还差3户。不过,您可以先交定金,我给您标上团购,等您家面积出来了,再告诉我具体的面积和数量。"

就这样,顾客提前交了定金,一周之后,这个订单也搞定了。

俗话说:"爱美之心人皆有之。"赞美之所以能够成为说服的工具,是因为它抓住了人们爱美的本性。当然,这里的美不是指外表美,而是被他人赞美后在心里酝酿出来的喜悦。不过有时候,赞美并不能给他人带来喜悦,反而会让对方尴尬,但也能达到说服的效果。这是怎么回事呢?我们不妨再看一个例子。

胡兵在深圳经营了一家书店,生意一直不错。曾经有一段时间

第五章 强化说服力,让你更有逻辑地说服对方

他特别苦恼,因为尽管店员已经非常用心了,而且店里也安装了摄像头,但书店里的书还是屡屡被偷。于是,他在书店门口放了一个公告栏,上面写着:偷窃是一种犯罪行为。

结果,偷书行为丝毫没有减少,丢的书反而更多了。这让胡兵很是苦恼。后来,胡兵偶尔在翻阅一本教人说话技巧的书时,学到了一种借用措辞来达到说服目的的方法,便决定一试。

第二天,他依旧把公告栏放在门口,只是上面的字换成了:感谢读者的协助,盗书贼已被捉到。结果,接下来几周,丢书的数量急剧下降。

要知道,"偷窃是一种犯罪行为"只是一种痛斥。对那些没有偷书的读者而言,这是一种恶意的提醒;而对那些偷书贼来说,这只会刺激他们的心灵。

相反,赞美的方式对没有偷书的读者来说,就是一种充满善意的鼓励。而对那些偷书的人而言,也是一种警告和提醒:小心,说不定你的行为就会被哪个读者发现。要知道,以前偷书贼只用防范书店管理员和监控器,而现在他们要防范书店里的每一个人。而那些前来买书的读者,因为看到了这样的提醒,也会在心里形成这样一种意识:我也要像那些主动举报偷书行为的读者学习。由此可见,这种赞美式的公告可谓一举多得。

激将式说服，适当刺激一下对方

所谓"激将式说服"，就是指通过刺激人们的自尊心和逆反心理中积极的一面，激起他们不服输的情绪，并将其潜能发挥出来，从而达到不同寻常的说服效果。这种说服方式在古今中外的历史事件中很常见，而且不管是涉及战争的这类大事，还是诸如购物这种生活琐事，都会用到。比如，女士在挑选化妆品时，往往会因为品牌众多而犹豫不决，不知道该买哪一个好。这时，销售人员不妨这样说："要不征求一下您先生的意见再做决定吧？"事实上，很多女士都会回答："我自己可以做主，这事不用和他商量。"这种浅层次的激将式说服就隐藏在日常的沟通之中，很多人甚至都感觉不出来。当然，即便有些激将法被对方察觉出来了也无妨，只要你的措辞得体，就可以实现自己的目的。

需要注意的是，激将法属于逆向说服法，需要较高的沟通技巧，运用时需要注意以下几个方面。

（1）激将的对象一定要有所选择。一般来说，可以采用激将法的对象有两种。第一种是不够成熟、缺乏经验的对手。这样的人往往有自我实现的强烈愿望,总想在众人面前证明自己,容易为言语所动,所以这类人恰恰是我们使用激将法的理想突破口。第二种是个性特征非常鲜明的人。他们自尊心强、好面子,而他们鲜明的个性特征就是说服的最佳突破口。

(2)激将法应该在不损伤对方人格尊严的前提下运用,切忌以隐私、生理缺陷等为内容贬低对方。特别是在一些商务谈判中,选择"权力高低""能力大小""信誉好坏"等去刺激对手,效果会更好。

(3)使用激将法要掌握一个度。没有一定的度,激将法非但收不到应有的效果,反而可能产生消极后果。

(4)使用激将法最好隐晦一点儿,不能太露骨,最好是激而无形、不露声色地让对方朝自己预期的方向发展。如果激将法运用得太直接,被对方识破,就会让我们陷入被动。

(5)要知道,最终让激将法产生效用的是你的语言,而非强硬的态度。所以,用语要切合对方特点,态度要和气、友善。

激将法本身对说服有着非常大的帮助,但在运用的过程中要因人而异,要摸透对方的性格、脾气、思想感情和心理。比如,对那些理智、老谋深算的"明白人",不宜使用这一方法,因为他们根本不会就范。另外,对那些自卑、谨小慎微的人,也不宜使用此法,因为这些人会把那些富于刺激性的语言视作奚落和嘲讽,进而会产生消极悲观的情绪,甚至产生怨恨的心理。

除了在使用时要看清楚对象、环境及条件之外,运用激将法还要掌握分寸,既不能过急,也不能过缓。过急,欲速则不达;过缓,对方可能会无动于衷,甚至无法激起对方的自尊心,也就达不到你的目的了。

在运用激将法的过程中,人们总结出了一些更为细化的方法。比如把激将法分为直激法、暗激法、导激法。所谓"直激法",就是面对面、直截了当地贬低、刺激对方,以达到使对方"跳起来"的目的。所谓"暗激法",就是有意识地褒扬第三方,暗中贬低对方,激发对方产生压倒、超过第三方的欲望。所谓"导激法",就是在刺激对方的时候做到"激中有导",用明确或诱导性的语言把对方的热情激发起来,引导到你所希望的方面来。事实上,每一种更为细分的方法都可以运用到更为细分的场景中去。

激将固然是为了改变对方的意志,但有时候,如果你意识到对方也正在采用这样的方式来改变你的意志的时候,就要提高警惕。总之,我们在使用激将技巧的同时,也要学会识破他人的激将法。特别是在商务谈判中,要沉着冷静,不为对手所激。

第六章
不懂拒绝,你就注定吃亏一辈子

许多人很有才华,他们有思想、有想法,不管做什么事情,明显比其他人更有能力。然而在生活和工作中,他们对别人的无理要求,从来不会拒绝。结果,在和他人的相处中,他们要么总是把他人的事情优先处理,要么全盘接受他人的无理要求……长此以往,他们的工作和生活处处受损,自己也身心疲惫,人生总是处于被动的状态之中。其实,我们都应避免成为这样的人,否则这种不好意思的心态会让自己吃很多亏。

拒绝别人是每个人的权利

为什么很多人会觉得拒绝他人很难呢？其主要原因无外乎感觉不好意思。如果说熟人之间不好意思还情有可原，那么在拒绝陌生人的时候，这种不好意思的心理来自何处呢？当然，与那些大大咧咧的人相比，适度的不好意思会彰显你的矜持，突出你的气质。不过，当不好意思的心理大肆蔓延，已经达到了你无法控制的地步时，这只能说明一个问题：你还不够成熟。唯有成熟的人才知道如何维护自己的权利，而拒绝正是人们拥有的权利之一。

西方国家有专门研究拒绝艺术的机构，他们强调，现代人应该培养这样一种意识："你不必为拒绝他人而不好意思，你有说'NO'的权利，这是你的自由。"在拒绝的时候，你大可以举止坦然、态度明朗，这样做也可以避免他人的误解或猜疑。有时候，因为不好意思，所以在说话的时候会吞吞吐吐，表达上不清不楚，这样很容易让对方产生反感。越是含糊不清，越会刺激人的紧张心理，结果也就越不好意思。长此以往，就会导致恶性循环。

有时候，就算对方对你的拒绝不理解，说了一些难听的话，但只要你的态度够坦率，语言够明朗，那么对方也会受到感染，开始反思，进而弱化自己不愉快的心理。相反如果你在拒绝时像做贼一样感到心虚，对方便会变本加厉，从而也加剧了你拒绝的不合理性。也就是说，当你拒绝了对方之后，你的拒绝是否合理并没有形成最终的定论。如果你问心无愧，并坦然地表现出来，合理性的天平就会往你这边倾斜；如果你心中有愧，并以一种尴尬的表情呈现出来，合理性的天平就会向对方那边倾斜。

程言刚谈了一个女朋友，周末约好和对方一起吃饭、看电影。结果，饭刚吃到一半，老板突然打来电话，让他去公司修改一个急用的方案。虽然他向女朋友做了解释，但对方因为这件事一直耿耿于怀，甚至有好几次打电话，女朋友都不接。其实那个方案的主要负责人并不是程言，只因为他平时比较热心，而且拿着公司的钥匙，所以大家遇到什么事都喜欢找他帮忙。

自从上次因为工作上的事影响了和女朋友的关系之后，程言就暗下决心，以后老板再让自己在周末加班时，一定要果断拒绝。果然，没过两个星期，老板又因为方案的事情，让程言去公司。这次，程言虽然没有特别的安排，但还是拒绝了。结果，第二天到公司的时候，他被老板大骂了一顿。程言很委屈，心情很差劲，当天晚上和女朋友一起吃饭的时候没忍住，冲她发了脾气。最后，女朋友饭也没吃，摔门而出。

我们仔细分析程言的故事会发现，拒绝作为人的权利要经常使用才会发挥作用，如果你总是不用或偶尔用一次，则非但得不到他人的体谅，还会引发他人的指责。这就好比你总是帮室友扔垃圾，可是有一天你心情不好，或者忘了，没扔垃圾，结果室友还责怪你变懒了。通常，不懂拒绝的人的内心一般都较为敏感，此时再遇到他人蛮不讲理的指责，就会更难受。所以说，我们要将拒绝作为自己的权利，但也要学会合理驾驭它。如果你以前压根就不知道拒绝为何物，在运用拒绝这个权利时就要一步一步来，不能一说拒绝，就立马对所有人翻脸。

拒绝有解释，对方才更易接受

很多人在说话的时候总是习惯性地说个"不"字，就让对方打道回府，并自以为这样可以节省双方的时间，也是高效率的体现。但事实上，这不仅会让对方感到难受，而且会引起对方的猜疑。同时，你今天拒绝时的潇洒或许会成为你未来某一天请求时的尴尬。相反，如果你在拒绝的时候附带合情合理的解释，得到了对方的谅解，事情或许就会顺利许多。

陈芳和李华在大学时确定了恋爱关系，毕业后却没能在一座城市工作。后来，陈芳的父母考虑到他们两个人工作的城市离得太远，就劝她在家乡找一个离家近点儿的男朋友。虽然陈芳刚开始不太乐意，但毕业一年后，她和李华聚少离多，感情也有点儿淡了，便决定向对方提出分手。

思索了许久，陈芳也不知道该如何向李华表达，最后索性在电话里对李华说："我们分手吧！"毫无疑问，对于女朋友这突如其来的请求,李华非常吃惊,便问她原因。陈芳也是打算强硬到底了,很干脆地说:"没什么原因,就是不想处了,要和你分手。"

陈芳以为只要不和李华联系了,对方很快就会死心,但结果恰恰相反。李华因为不明白陈芳为什么会提出这样的要求,内心很是纠结。后来,当李华给陈芳打电话的时候,他发现她已经把自己的手机号码给屏蔽了,打不进去。但是李华仍然不死心,决定亲自到陈芳工作的城市一探究竟。因为没找到陈芳本人,他甚至直接找到了陈芳的家里。结果,在陈芳的家里,李华因为情绪激动,和陈芳的父母发生了口角,最终还差一点儿动起手来。

原本只是一件普通的分手事件,结果因为提出方不给任何解释,导致后面引发了很多不必要的麻烦。其实不管是家人要再给陈芳另找男朋友,还是嫌李华工作的城市离得太远,只要把话说明白了,就不会造成后续的一系列麻烦。

事实上,不仅感情方面的拒绝需要理由,其他情况的拒绝也是如此。比如,领导对下属说:"不要找理由,就问你能做不能做?"下属说:"不能。"领导肯定会怒问:"为什么?"下属可能会疑惑地问道:"你不是说不要找理由吗?"领导肯定也会说:"不找理由不代表没有理由。"

由此可见,不管一个人怎样说,在被拒绝之后,都期待合理的解释。

生活在如今的社会,我们的一举一动都会不可避免地和他人扯上关系。我们要在这样的社会中生活几十年，而且在这期间要接触那么多的人，自己不做任何解释的行为将会给自己的人生带来非常多的不确定因素。有些不确定因素可能会"自生自灭"，但肯定有一些不确定因素会成为你人生路上的阻碍。所以说，拒绝的时候附带合理的解释不仅仅是个人的修养问题，也是涉及你切身利益的实际问题。

拒绝后的解释不仅很有必要，而且理由必须充分，不能糊弄对方。要知道，敷衍、糊弄的解释早晚有一天会被发现，到时候，尴尬的反而是你自己。所以说，不管是为了自己，还是为了对方，不管是考虑到现在，还是着眼于将来，一个充分、合理、得体的解释都是有百利而无一害的。

借用他人的意思，巧妙拒绝对方

为了让拒绝更顺理成章，人们通常都会说一些真真假假的原因，比如"我没有时间""我再考虑考虑""我已经买过了"等。这些原因有一个共同点，即责任人的第一承担者都是"自己"。这种方法并非不能用，只是若遇到难缠的对象，则对方往往会揪着你不放，希望从你这里得到一个最终的答复。那么，有没有一种办法可以规避或者减少这种情况的发生呢？事实上，我们只要把思维变通一下，就可以找到一个不错的解决办法。

黄凯是某大学的总务处负责人，所有涉及后勤方面的事务，都由他全权管理。因为经常要做一些采购方面的决策，所以经常会有各种各样的推销员找他，希望学校能够用他们的产品。刚开始，他拒绝的时候总是会说"你介绍的产品我们现在库存不缺货"或者"我对你们的产品质量不放心"等。

不过，使用这种话拒绝对方后通常会出现这样一种情况：昨天

第六章 不懂拒绝，你就注定吃亏一辈子

才被自己拒绝的销售员第二天又来了。后来，他特意问一个销售员："我不是已经告诉你了，我们不需要你的产品，你怎么又来了？"

那位销售员理直气壮地说道："你都没用过，怎么知道我们的产品不好呢？要不你先采购一批试试，不好用的话，我保证以后再也不来打扰你了。"

黄凯寻思着：总是这样可不行。客户建议今天试用这个，明天试用那个，什么时候是个头啊！最后，他决定改变自己拒绝的策略。

没过几天，又有一个推销A4纸的销售员来敲黄凯办公室的门。黄凯按照惯例接待了这位销售员。不过，当销售员提出让学校试试他们厂家生产的A4纸时，黄凯很有礼貌地说道："实在是抱歉，我们学校刚刚和一家造纸厂签订了一份为期3年的供货合同。学校也规定，在合同有效期间不能再从别的销售商那里购买此类产品。如果我从你这里购买产品，则是违约的行为。"

黄凯的意思很明确，不是他本人不想买，而是学校有规定。这样一来，责任的承担方就是学校，而不是他本人。所以，销售员再怎么和他纠缠都不起作用。有时候，我们根本不需要绞尽脑汁地去想如何拒绝他人，只需要干净利索地把"不"说出来就行。当然，为了切断对方的后路，最好借用"别人的意思"。在上面这个案例中，所谓别人的意思，其实就是"学校的意思"。

当我们借用他人的身份来拒绝的时候，表面上看像是在推卸责任，但这种行为也很容易被对方理解：既然爱莫能助，那就不要

再勉强了。学会了这一拒绝技巧,将会让我们在生活中减少很多烦恼。比如,一位家庭主妇在小区门口遇到推销化妆品的人。虽然她心里想的是对其质量不放心,但依然可以这样拒绝:"不好意思,我丈夫不让我在家门口买任何东西。"虽然拒绝之语是出自家庭主妇之口,但销售员并不会感到不快。因为一方面,家庭主妇并非只是拒绝了自己,而是拒绝了所有在她家门口卖东西的人;另一方面,并不是这位主妇不想买,而是她的丈夫不让她买。

我们生活在一个庞大且复杂的关系群体中,各种制约因素也很多,但只要你愿意,就能找到一个绝佳的拒绝对方的理由。比如,如果你是某事业单位的领导人之一,有熟人找你办事,则你可以推托说单位采用集体表决制,单位领导需要就刚才提到的事进行讨论。为了进一步打消对方的念头,你还可以"打个预防针",说根据你的经验,类似的事情通过的概率较低,让他别抱太大的希望。这就属于推托之词,意思是能不能帮他办成事不是你说了算,要看大家的意思。如此一来,即便对方当时没死心,后来事情没办成,他也不会有太多怨言。

一般来说,巧用别人的意思来拒绝可以更容易地让对方理解和接受,也断绝了对方纠缠或者刁难你的可能。当然,你也可以利用这一策略,巧妙脱身。

采用拖延战略，婉转回绝不伤人

美国CBS出品的犯罪剧情电视剧《犯罪心理》中有这样一句颇耐人寻味的台词："拖延是最彻底的拒绝。"事实上，这句话不管是在工作中还是在日常生活中，都被无数次验证过。你找人帮个小忙，对方说最近没空，等过两天再说，结果过了两年也没有音讯；你随口应承了一个邀约，但因为彼此关系一般，所以两天后你就把这事抛到了九霄云外。总之，不管是他人拒绝我们，还是我们拒绝他人，拖延都是最好用且最常用的技巧。

方勇是一所大学的哲学系教授。一次在课堂上，有个学生提了一个和他课堂所讲内容无关的问题。他并没有阻挠这个学生，而是就学生提的问题做了解答。事实上，这个学生是有意刁难老师的，所以专门挑了一个方勇很陌生的问题进行提问，当方勇解说到一半的时候，学生就从他的回答里找出了破绽，并在课堂上和他争论起来。最后，学生很无礼，老师也差点儿失态，以至于整个课堂的气氛都无比尴尬。

事实上，课堂上类似的争论完全可以避免。首先，学生问了一个和课堂内容无关的问题，老师完全可以不用回答。其次，即便老师不当面拒绝，也可以说诸如"你这样的问题我们下课后单独谈"的话。但教授方勇没有这样做，而是直接回答了对方的提问。他或许觉得三言两语就说完了，但没想到学生会对他的讲解提出异议，结果越闹越大。这种情况如果发生在私下还好一点儿，但发生在诸如课堂这样的公共场合，影响极不好。所以说，对于有些难以回答或者当时不方便回答的问题，最好采取拖延战术，比如说："关于你的问题我们日后再做讨论，今天还是专注于本堂课的话题。"

　　至于"日后"是何时，没有人关心。重要的是，这种拒绝的方法比直接拒绝更有礼貌，也不会让任何人难堪。当然，有时候，提问者会认为你不敢回答或者不知道该如何回答，你不必为此而发脾气。此时，你只要说"你提的问题不是那么容易回答的，我们日后再谈"就可以。这样说，就相当于很委婉地把对方的刁难给屏蔽了。因为"你的问题不容易回答"包含着两层含义：第一，这个问题对我来说确实很难，我需要再研究一下；第二，我知道答案，只是说起来比较复杂，不是一时半会儿能解释清楚的。这样，你就能把对方的异议给消除了，对方也不知道你究竟指的是哪一层含义。

　　虽然拖延是一种策略，但并非所有问题都适合无限期拖延下去。针对有些人、有些事，你必须给出一个明确的答复。事实上，这一点很重要，因为如果你总是习惯性地用拖延的方式拒绝他人，对方就会觉得你这个人很不靠谱。另外，如果对方的请求很急，而你又不确定是否能帮上忙,那么最好不要拖延太久。因为如果确定你帮不上忙后,对方还可以再找别人。如果对方因为你的拖延而耽误了解决问题,最后对谁都不好。

所以说,采用拖延策略之后,有时候也要给对方一个回话。当然,回话并不是说答应对方,而是结合实际情况,该怎么说就怎么说。即便你这次是直接拒绝了,但对对方而言也不算是"一口回绝",因为在这段时间内你思考过对方拜托的事。所以,下次遇到你明明知道无能为力,但又不好意思直接拒绝的请求时,你不妨说:"好,这件事让我思考一下,明天给你答复。"这样,你既没有拖延太长时间,又可以让对方觉得你对他的请求很重视。

找到替代方案,轻松拒绝对方的请求

李玲和陈红是大学同学,参加工作后在同一座城市工作,私交甚好。陈红有一个3岁的女儿,非常机灵,李玲每次去陈红家,总喜欢逗她玩。

又是一个周末,李玲到陈红家做客。当陈红在厨房准备午餐的时候,李玲就和陈红的女儿在客厅里玩耍。没一会儿,小家伙就跑到厨房,出来的时候一只手里拿着草莓,另一只手里握着饼干。

李玲见机想挑逗她一番,便问道:"阿姨也饿了,你愿意把草莓给阿姨吃,还是把饼干给阿姨吃呢?"

让李玲没想到的是,这个小姑娘既没有说要给她草莓,也没有说要给她饼干,而是建议道:"阿姨,你赶紧去,我妈那里还有!"

说句心里话,对于类似的问题,没有比这个小姑娘的回答更妥当的答案了。她并没有直接拒绝李玲,而是给对方找了一个更好的替代方案。如此一来,对方也就没什么话可说了。事实上,这种给对方寻找替代方案的拒绝方式,既不会伤和气,又不会让彼此丢掉面子,可谓一举两得。

在工作中,这种给他人寻找替代方案的例子有很多,比如说:"我对英语不太熟悉,要不你找小芳吧,她大学学的是这个专业。"当你搬出一个比你能力更强的人来作为自己拒绝的借口时,对方一般不会埋怨,毕竟你说的情况属实。而且,如果替代的人确实比你做得更好,那么你的建议也是对对方负责。

不过,这种寻找替代方案的拒绝方式有一个弊端。如果找你帮忙的那个人告诉对方说:"是××让我来找你的,他觉得你帮我会更好!"此时,被你"转嫁"的那个人可能会对你心生怨恨。或许他的能力确实很强,比你能干,但人家毕竟也有自己的工作要做,并且对方有没有时间帮忙还不得而知。

你在没有征得对方的同意,也不清楚对方的实际情况的前提下,就鲁莽地把拒绝对象介绍给对方,对方到底是帮还是不帮。尤其是当你推辞掉的那份工作是大家都不愿意做的苦差事的时候,对方可能会更怨恨你,甚至会觉得你是故意这样做的。那么,如何规避这样的风险呢?其实并不难,只要你介绍的那个人是大家公认的"在某一领域比较擅长"即可。如果没有这样的人,那么这种替代方案还是尽量少提。

除了因为能力上无法胜任之外,人们一般也会因为时间上的紧迫而无法帮助别人。此时,可以把时间作为替代方案的关键要素向对方抛出。

党圆圆是一家互联网公司的文案编辑，平时要写的文章和方案非常多，经常在晚上加班，甚至忙到深夜。即便如此，对于上司或者同事交给她的工作，她都来者不拒。或许是工作习惯，也可能和她内敛的性格有关，她从来没想过找别人帮忙。

一个周五的晚上，老板在晚上10点钟去公司取一个文件的时候，发现党圆圆还在加班，很是诧异。为此，他特意询问了一下党圆圆都在处理哪些工作。临走的时候，老板给党圆圆提了一个建议，涉及PPT的工作，如果她自己忙不过来，可以让行政部门的小章代理。

刚开始，党圆圆还有点儿纳闷：行政部门的同事也会做PPT？结果试了一次后，党圆圆发现，对方做的PPT非常专业，甚至很有创意。事后，她从其他同事那里了解到，原来小章以前专门学过办公软件的操作，PPT的设计更是不在话下。

后来，如果有同事把一些要做成PPT的方案交给她，她就会说："我这里还有很多工作，估计今天没时间处理这个了，要不你找一下行政部门的小章吧，她那边空闲时间多一点儿。"起初，党圆圆还担心这样会不会耽误了小章的工作，让她意外的是，小章非但没有责备她，而且还感谢她为自己提供了练手的机会。

面对他人的请求，不管是能力不够，还是时间不足，为对方寻找一个替代方案都是非常值得借鉴的方法。有时候，一个小小的提议就可以为自己解决大大的麻烦。

适当自贬，让对方理解你的难处

所谓贬低自己，就是告诉对方自己在某一方面一点儿也不擅长，所以无法做或者不能做某事。比如，朋友邀请你去KTV唱歌，但你觉得那样的活动既没有意义，又浪费时间，还不如在家里看电视。当然，你肯定不会把自己的真实想法告知对方。此时，你可以说："我的嗓音你也知道，唱歌五音不全，到时候真把你们吓着了可怎么办？我觉得与其到时候让你们把我轰出来，还不如我干脆就不去。"这种说法很多人都试过，一般情况下，朋友都不会再坚持。这样，你通过自贬达到了婉拒的目的。

其实，自贬的现象在生活中很常见，心理学家通过一项调查发现，12%的上班族曾经以自贬的方式对上司装过傻，14%的人以自贬的方式对同事装过傻。通常情况下，上班族会在以下几种场合用到自贬的方式。

1. 拒绝别人的请求

同事来找你帮忙，而你因为各方面的原因无法提供帮助，此时，如果直接拒绝对方就会伤了彼此的和气。考虑到以后还要和同事长期相处，你不妨说："我真的很想帮你，但我自己实在是没有这个能力啊！"这么说有两个好处：一方面，你表明了自己的态度，即你想帮他；另一方面，你也道明了原因，即你的能力不足。既然你拒绝的原因不在自己可以控制的范围之内，那么对方也就不好再说什么了。

2. 遇到不想做的事

有时候，人们会遇到一些诸如打杂或者加班之类的不想做的工作，或者对有些平时不喜欢运动的女同事来说，参加公司组织的运动会简直就是对身心的一种折磨。此时，你可以用"这个我没做过""我最不擅长的就是运动"之类的理由来婉拒。

3. 遇到不擅长的事

我们经常说"职位越高，责任也就越大"，其实对他人的期望值而言，道理亦如此。试想一下，两个人做同样的事，如果别人对你的期望值高，自然就会感觉你能做得更好。此时，你的压力就会增大，责任自然也会越大。到时候假如结果不尽如人意，对方定会认为你没有尽力。

所以说，遇到一些有难度的任务，你可以通过降低他人期望值的方式来避免一些不必要的麻烦。此时，你可以说："其实我不是很擅长这个，到时候给你搞砸了，你可别怪我哟！"听你这样一说，对方自然就不会对结果太在意了。

当我们利用"无能"来进行自贬的时候，一定要对"无能"的内容有所把握，因为不是随便哪个"无能"都可以让对方信服。比如，别人请你算个账，你说："我最怕算账了，一看到数字我就头痛。"这样的自贬合理吗？其实，这个要看情况的。如果你平时很少接触算账方面的事务，这样的"无能"就很正常。相反，如果你在银行工作，每天都要接触数字，你这样的"无能"就很突兀，别人自然也不会相信。

除了自贬的内容要符合自己的身份、背景之外，自贬的使用频率也不可太频繁。也就是说，把自贬作为一种拒绝的方式必须要把握好度。如果你为了省事，对这个人说自己不行，对那个人也说自己不行，对这样的事说自己不行，对那样的事也说自己不行，久而久之，别人会真的认为你就是一个无能的人。最重要的是，当你的"无能"成为一种习惯时，"无能"也就成了你的潜意识，到时候，你就真的成了无能的人了。

此外，为了避免给他人留下不可靠的印象，在自贬的时候，也要具体情况具体分析。如对于与自己专业、工作相关的问题，不要轻易去说自己不会、不懂。

另外，在拒绝的时候，最好用那些对自己不重要的部分来贬低自己。比如，别人请你帮忙设计一个PPT的方案，你可以说："PPT的操作我很熟悉，不过具体的文案策划，我不是很擅长。"如此一来，就可以减少他人的揣测，同时也可以避免给他人留下"不可靠""无能"的负面印象了。

第七章

幽默有趣，告别笨嘴笨舌的自己

《新华辞典》对"幽默"一词的解释是：言谈举止有趣而意味深长。这使我们在增强自身的幽默修为时有了一个很好的参照。应该说，幽默不仅是一种语言技巧，更是一种思考方式和生活哲学，如果我们能够用幽默的眼光去看待问题，用幽默的方式去思考问题，那么我们的言行举止自然会伴随着幽默的意味。如此一来，无论是在生活还是在工作中，我们都更易受到大家的欢迎，顺畅沟通也就不在话下了。

练好幽默力，一语胜千言

幽默是一个人的学识、才华、智慧和灵感在语言表达中的闪现，是一种"善于捕捉笑料和诙谐想象"的能力，是对社会上各种不协调与不合理的荒谬现象、弊端、偏颇、矛盾实质的提示和对某些反常规言行的描述。

美国心理学家赫布·特鲁曾经说过："幽默可以润滑人际关系，消除紧张，减轻人生压力，使生活更有乐趣。它把我们从个人的小天地里拉出来，使我们一见如故，寻得益友。它帮助我们摆脱窘迫和困境，增强信心，在人生的道路上知难而进。"所以，幽默在人际交往中起着非常重要的作用。

在公共汽车上，乘客和售票员有时会有一些小摩擦，因一点小事就会引起激烈的舌战。比如，有一次，一位乘客由于没有听清报站名，错过了站，于是他慌慌张张地擂门大叫："售票员下车！"而售票员瞪眼瞅着他，正在酝酿几句一鸣惊人的奚落话。假如这时

第七章 幽默有趣,告别笨嘴笨舌的自己

有一位乘客能及时插嘴说:"售票员不能下车。售票员下车了,谁来售票?"不仅那位错过站的乘客会报以微笑,可能连售票员也会变得和颜悦色起来。

同样,当我们要表达内心的不满时,假如能够使用幽默的语言,那样别人听起来也会顺耳一些。

幽默是日常生活中不可缺少的调味品,当朋友们一块儿结伴去旅行或相邀聚会时,旅途中的疲惫和长时间静坐而相对无语会让人觉得沉闷难受,如果这时有人讲了一个笑话,就能改变当时的气氛,增加乐趣。

无论在何种场合、何种时间,一个幽默的人必定比一个死板严肃的人受欢迎得多。即使是发生了令人尴尬的状况,幽默的人也可以摆脱困窘,轻松处之。试着客观一些去面对你的过失,恢复情绪平衡,说个幽默的故事,气氛会马上变得轻松起来。

那么,我们应该怎样练好自己的幽默力,以增加在人际交往中的砝码呢?

1. 你要做一个乐观自信的人

幽默的心理基础是乐观、自信、积极向上的心态。一个悲观颓废的人是没有心情幽默的。你要培养自己抵抗挫折的能力,做事情不怕失败,即使失败也要看到事情积极的一面,而不是一味地怨天怨地。你不仅不能怕受人嘲笑,还要善于自嘲,这种自嘲实际上是

建立在自信的基础之上的。

2. 注意锻炼自己的思维能力和表达能力

幽默的谈吐具有反应迅速的特点,这就要求说话者思维敏捷、能言善辩。丰富的词汇有助于表达幽默的想法,如果词汇贫乏,语言的表现能力太差,那也无法达到幽默的效果。

3. 在日常生活中不断地积累

多读、多看、多听、多学,拥有的幽默资料多了,自然可以模仿、借鉴、参考的素材就多。试试在自己所处的情境下怎样套用别人的幽默话语,练习的次数多了,幽默就成了你自己所拥有的财富。记住不能为了幽默而幽默,强求幽默效果,反而会弄巧成拙。

总之,恰到好处的幽默是智慧的体现,当你掌握了幽默这门人际交往的艺术时,你会发现与人沟通不再是一件困难的事情。

张冠李戴，达到一箭双雕的表达效果

我们在观看马戏团的演出时，经常会觉得那些穿衣服的猴子、猩猩特别滑稽可笑。因为动物本来不具有某些人类的特征，当把人类的东西强加于动物身上时，自然就会给人一种不协调感，所以容易让人们为之发笑。这就是张冠李戴所造成的喜剧效应。

说话也是这个道理，如果故意用甲来代替乙，并使其在特定的环境中产生不协调性，那样就能带来强烈的幽默效果。

一次，当一位老师正在讲课的时候，一个调皮的学生在下面突然学起了鸡叫，课堂上顿时哄笑成一团。这时，这位老师镇定地看了看自己的手表，然后不紧不慢地说："看来我这块表走得实在是太慢了，竟然已经慢到了凌晨。但是，请同学们相信我，公鸡报晓是低等动物的一种本能。"同学们听到老师的话后，一边笑，一边用责备的眼神注视着那个恶作剧的同学。那个同学的脸色早已通红，课堂渐渐安静了下来，这位老师又继续上课了。

这位老师说的话引起了同学们一笑,不仅活跃了课堂气氛,而且还使那位恶作剧的同学感到羞愧,停止了恶作剧,可以说是一举两得。老师的话妙就妙在没有直言指责那位恶作剧的同学,而是使用环境替代法使其形成强烈的反差,所以产生了幽默感。这种不直接表述某种事物或不直说某事某人的名称,而是用其他相关的词语、名称来取而代之的幽默方法,我们称为"张冠李戴"。

选择恰当的"冠",主要有两种方法:一种是从现成的行业术语、专业术语、政治术语中去选择;另一种是在说话过程中选择适当的词语来完成换名,这种选择和应用相对要难一些,但只要替代得好,就会更有现场效果和机智的幽默感。

某班要进行历史考试,老师对学生们说:"考试的时候,请同学们'包产到户',不要走'共同富裕'的道路。"

同学们都知道老师说的话的意思是不允许大家抄袭别人的考卷,要自己答自己的卷子。不过,老师的话妙就妙在没有直接说出考场纪律,而是用农村改革中的两个专有名词来说明。"包产到户"代替"自己答自己的卷子","共同富裕"代替"互相抄袭"。因为"包产到户"和"共同富裕"的巧妙借代打破了考场上紧张严肃的气氛,从而形成了强烈的反差,产生了幽默感。

一名记者对一位长寿老人进行采访,请他谈一谈长寿的秘诀。

老人笑着回答:"秘诀只有一个,那就是保持'进出口平衡'。"这句话,让在场的所有人都笑了。

"进出口平衡"本来是外贸行业里的一个常见术语,却被这位老人借代到饮食养生问题上来,其言外之意是显而易见的,说明了新陈代谢对身体的重要意义,让人听了感觉趣味无穷。

此外,运用张冠李戴幽默法时,还可以采用以古代今或以今代古的方法,由于这种张冠李戴时空跨度很大,相互代指很容易产生幽默的效果。

有位老师在给同学们讲《有为神农之言者许行》这篇课文,当讲到许行穿的、戴的、用的都是"以粟易之"时,她是这样说的:"许行每天都忙得不得了,今天去超市,明天去百货批发公司,后天又得去工厂加工订货……"讲得同学们都开心地大笑起来。

这位老师是有意张冠李戴,用现代的名称和事物代指古文中的"以粟易之",这种借代方式既使同学们容易理解原文的意思,又能让同学们在轻松愉快的氛围里专心听讲。

不过,在运用张冠李戴的幽默方法时,要注意一点,就是在采用借体时,要让双方都明白那个借体——"用来代替的事物"是怎么回事。如果采用对方不明真相的借体,你的幽默力量就不能传递给对方,那么你的幽默也就不会成功了。

利用夸张进行善意的嘲讽或规劝

只要一提起卓别林,没有人不会想到他的那身行头——手杖、衣服、特大皮鞋,还有他那外八字腿别别扭扭的走路动作。只要模仿他的人把这些都模仿到了,他的味道也就有了。这位幽默大师最令人印象深刻之处就是他的"夸张"!

夸张能使平凡的生活琐事带上一层放大的色彩,从而产生强烈的幽默感。一般常采取大词小用、小词大用的方法,并根据现有条件进行合理的想象和似是而非的逻辑推理,将结果极力夸饰变形,产生诙谐幽默的效果。

一个法国女人、一个英国女人和一个美国女人在一块儿聊天,她们正在吹嘘自己国家的火车是多么快。

法国女人说:"我们国家的火车快极了,路边的电线杆看起来就像花园里的栅栏一样。"

英国女人赶忙接上说:"我们国家的火车真是太快了!当火车

前行时，要往车轮上不断泼水，否则，车轮就会变得白热化，甚至会熔化。"

这时，那位美国女人不以为意地说："那又有什么了不起的！有一次，我坐我们国家的火车去旅行，我女儿到车站送我。我刚坐好，车就开动了。我连忙把身子探出窗口去吻我的女儿，没想到竟然吻着了离我女儿十英里（约十六千米）远的一个满脸黑乎乎的老农夫。"

2006年的央视春晚，赵本山与宋丹丹、崔永元合作演出的小品《说事儿》中有这么一段。

白云（宋丹丹）："你说就他吧，就好给人出去唱歌，你说就这嗓子能唱吗？那天呢，就上俺们那儿敬老院给人唱歌，统共底下坐着七个老头，他'嗷'的一嗓子喊出来，昏了六个。"

小崔："那不还有一个呢嘛。"

白云："还有一个是院长，拉着我的手就不松开，那家伙可劲地摇啊：'大姐啊，大哥这一嗓子太突然了，受不了哇，快让大哥回家吧，人家唱歌要钱，他唱歌要命啊！'"

即使本山大叔唱歌再吓人，也不至于七个大爷昏倒六个吧！白云这里分明是采用了夸张的语调，告诉小崔本山大叔不擅长唱歌。

在和人交流时，如果采用夸张的说话方式巧妙暗示，就容易产生特殊的幽默效果，那样不但不伤和气，还能表达出自己的看法和意图，而且夸张制造出来的幽默，常常带有讽刺意味。

马克·吐温有一次坐火车到一所大学讲课。由于上课的时间很快就要到了，他非常着急，可是火车却开得很慢，于是他想出了一个表达不满的办法。当列车员过来查票时，马克·吐温故意递给他一张儿童票。列车员一看，故意仔细打量，说："真有意思，看不出您还是个孩子哩！"马克·吐温说："我现在已经不是孩子了，但我买火车票的时候还是孩子，因为火车开得实在太慢了。"

火车开得很慢确是事实，但也不至于慢到让一个人从小孩长成大人。原本马克·吐温想说的是车速太慢了，可是他没有直接向列车员抱怨自己的不满，而是巧妙地把火车的缓慢程度进行了无限制的夸张，令人捧腹大笑，在相对轻松的氛围里表达了他的抗议。

不过，需要注意的是，并不是所有夸张都能产生幽默，如"白发三千丈"就只是夸张的名句而并非幽默。夸张要产生幽默，还要同生活中的错谬乖讹或滑稽可笑之处相联系，也就是通过对生活中的乖讹可笑之处极力地进行夸大渲染，来揭示生活中某些不合理或不和谐的现象，进行善意的嘲讽和规劝。

幽默不是要让人惕惕然，更不是让人愤愤然，而是要让人欣欣然如沐春风，这才是幽默的原则。

幽默婉转，批评效果会更有效

一般来说，批评性谈话具有否定性，极易造成谈话双方心理上的不相容性和相互排斥性，最终影响谈话效果。但是，如果在批评中适当地运用幽默，比如在批评他人的过程中使用含有哲理的故事、双关语、形象的比喻等，就能缓解被批评者的紧张情绪，引起被批评者的思考，从而增进相互间的感情交流。幽默婉转的批评，往往能让人在笑声中坦然接受，其效果要远胜于疾言厉色的批评或是苦口婆心、喋喋不休的劝诫。

伏尔泰曾有一位仆人，有些懒惰。一天，伏尔泰请他把鞋子拿过来。鞋子拿来了，但上面布满了泥污。于是伏尔泰问道："你早晨怎么不把它擦干净呢？""用不着，先生。路上尽是泥污，两个小时以后，您的鞋子又要和现在的一样脏了。"仆人说。伏尔泰没有继续说话，微笑着走出门去。仆人赶忙追上去说："先生慢走，钥匙呢？我还要吃午饭呢。""我的朋友，还吃什么午饭。反正两小时以后你又将和现在一样饿嘛。"

伏尔泰巧用幽默的话语批评了仆人的懒惰。如果他厉声呵斥他、命令他，就不会有这么好的效果了。

幽默式批评具有春风化雨、润物无声的效果，能使人获得一种情感上的滋润，营造一种融洽的氛围。如果你能通过幽默来批评他人，不仅能表现出你的机智和宽容大度的修养，而且能够使人感受到温馨和期待，最终达到教育他人的目的。

几个属鼠的同学在一次考试中考得特别好，挺得意，有点骄傲，当他们的班主任发现以后，就对他们说："怎么，骄傲了？你们知道骄傲意味着什么吗？你们要注意下午的班会。"听完老师的话，那几个学生想：糟了！在下午的班会上，等待自己的准是一阵猛批！

可没想到的是，班主任在班会上的批评并非狂风暴雨，反而妙趣横生。他说："林子要是大了，什么鸟儿都有；天下大了，就什么老鼠都有。我听过这么一个故事：有只小老鼠发现两个孩子在下兽棋，小老鼠就悄悄地看，发现了一个秘密。尽管兽棋中的老鼠可以被猫吃掉、被狼吃掉、被虎吃掉，却可以战胜大象。于是这只小老鼠立刻认定，自己才是真正的百兽之王呢！这么一想，小老鼠就得意了起来，从此瞧不起猫、看不起狗，甚至拿狼寻开心。有一天，它还大摇大摆地爬到老虎的背上，恰好老虎正在打瞌睡，懒得动，就抖了抖身子。于是小老鼠更加得意了。一次，它趁着黑夜钻进了大象的鼻子，大象觉得鼻子痒痒的，就打了个喷嚏，小老鼠立马像出膛炮弹似的飞了出去，最后，扑通一声掉进了臭水坑里！好，现在我们来看一下'臭'字的写法，'自''大'再加一点就是'臭'。今年正好是鼠年，咱们班有不少属鼠的同学，那么，这些'小老鼠'们会不会也掉到臭水坑里呢？我想不会，但必须有一个条件，那就是永不骄傲！"

说完，这位班主任还特意看了看那几个属鼠的同学。那几个同学当然明白，老师的批评全包含在那个有趣的故事里了，他们很感激班主任，也很快意识到了自己的缺点。

尽管很多幽默被用于揭露弊端，讽刺卑俗和愚蠢，不过它绝对没有锋芒毕露、咄咄逼人的气势，也不是无情的嘲笑与谴责。它总是和颜悦色、心平气和地纠正人们的毛病与缺点，让人们在笑声中看到自己或他人的丑行或影子，然后彻底悔改。

在一家餐馆里，一位顾客正在把米饭里的沙子一粒一粒地挑出来摆在桌子上。服务员不好意思地说："净是沙子吧？"顾客笑笑，摇摇头说："不，还有米饭。"

这位顾客没有直接批评米饭的质量，而是抓住服务员说的"净是沙子吧"来做文章，便说"也有米饭"，通过否定的形式来肯定米饭中有很多沙子,就显得比较委婉。这样说既表达了自己对米饭中沙子过多的不满,又不至于让对方过于尴尬。

　　幽默式的批评绝对是一种艺术,它能避免因严厉的批评带来的逆反心理。不过,要注意的是,不可以滥用幽默讽刺来挖苦他人,因为有意或无意地贬损他人的人格会产生极大的负面效应。

第八章
说话有情感，温柔表达最暖人心

在现实生活中，很多人不知道该如何表达自己的情感，常常在伤害他人的时候，也将自己弄得遍体鳞伤。包括自己的朋友、家人和恋人，每一个人都没有义务忍受因为你情绪低落而带来的语言暴力。本章汇集了高效的情感表达方法，能助你在生活中获得幸福感，在工作中收获成就感。

记住,每个人都是感性的

天气阴沉沉的,大雪忽然降了下来,整个机场很快就白皑皑的一片了。

滞留在候机大厅内的乘客一个比一个火大,他们捶捶打打、骂骂咧咧,把满腔的怒火都发泄了出来。服务员见大家情绪波动剧烈,希望为众人降降火,上前劝说道:"乘客朋友们,请耐心等候,天气预报部门说大雪马上就会停,我们的工作人员会在雪停之后立即出动清扫,一定争取在最短时间内起飞。"

没想到乘客们不但不买账,反而将"炮火"集中到了服务员身上:

"说得好听,大雪一会儿要是不停怎么办?"

"耐心等候?你们航空企业向来不拿乘客的利益当回事,少在这猫哭耗子假慈悲。"

"天气原因不可避免,可是你们早干吗去了?为什么不提前通知大家?"

"我这一分钟几百万的生意,搞砸了你们赔得起吗?"

"我们不想听你废话,赶紧把经理叫来。"

服务员被众人你一言我一语说得满肚子的委屈,她提高音量对众人说:"你们这些人怎么回事?为什么不讲道理啊?"

众人本就一肚子怒气,见服务员态度变得不好,一个个更加气愤了。服务员招架不住,转身跑到了办公室,迎面碰上经理。

经理很平和,柔声细语地劝她说:"顾客没有叫你,最好不要轻易上前。既然你已经和他们接触了,就要控制好情绪,你代表的是公司利益,要有大局观念。"

服务员正想找人撒气呢,见一向老好人的经理这样站着说话不腰疼,立即对他说:"要我考虑公司的利益,公司什么时候考虑过我的利益了?"

经理也有点不高兴了,板起脸说:"你怎么能这么说话呢?"

服务员说:"我怎么说话了?有什么事都把我们往前推,我们受了委屈只能往肚子里咽,凭什么?"

经理也急了,呛着脸说:"你这是什么态度?你要好好反省自己!"

服务员丝毫不让,一摘帽子扔给经理说:"要反省你自己反省吧,我不干了!"说完转身离去。

除非与这个世界无关,否则与人打交道必然会有情绪,每个人都一样。

案例中的乘客、服务员和经理都没有错,甚至本来还有些相互的关心和理解,在我们旁观者看来他们也都很无辜。但是人们身在其中,糟糕的事情临头,情绪还是不可避免地恶化了。

具体来说,乘客不知道服务员一点责任都没有,服务员不知道经理是做过服务员的,经理也不知道服务员需要得到体谅的诉求。于是,三者的关系就像一个火药桶,一场大雪就把他们点燃了。

每个人的头脑中都有分管感性和理性的两个分区,二者间并不是从属关系,而是相互平行的。当某件事的出现让我们形成心理反应后,如果没有经过有意识地修炼并养成习惯,感性分区会首先对我们的身体发出指令,从而做出感性层面的反应。接下来,理性分区会被强力压制,感性分区则大行其道,让我们进入一种失去理智的状态。事情过后,感性分区和理性分区全部归于冷静,理性分区就会开始起到应有的作用,再加上失去理智时做的一些错事,后悔的心绪自然就会产生了。

案例中的客户本来知道降雪是不可抗力的天气因素,但是等待自己去做的事情太多、太急,因此他的情绪很糟糕,并且迁怒于人;服务员也知道客户需要及时的开解和疏导,因而才会上前劝说,但是客户的反应让她觉得非常委屈,于是她的情绪也开始走向负面;经理更知道服务员受了委屈,此时正需要他的理解和安抚,但是服务员说话的态度让他觉得没法接受,即便他知道不应该在服务员情绪波动的时候解决问题,但是为了震慑下属,他不得不表现出很强势的样子,以至于对服务员的情绪火上浇油,最终令她走向了极端。

明知不能这样做，但还是不由自主地这样做了，称之为"情绪劫持"，实际上就是自己失去了对自己的控制。情绪对人们的大脑机体起到一种调节作用，在情绪积极的时候，人们的思维活跃，容易看到事物积极的一面，也乐于接纳不同事物。这个时候进行沟通是高效的，也是易于达成预期效果的。

相反，在情绪消极的时候，人们的思维闭塞，容易看到事物消极的一面，思维和行为都会陷入极端，基本上不会再接纳任何事物。这个时候进行沟通就是低效的，哪怕百般努力，也很难达成预期的沟通效果。因此，在别人心情好的时候沟通是非常明智的且具有科学依据的。

情绪状态对于沟通是有价值的，如果我们想让沟通过程事半功倍，就要在正式沟通前调节好自己和对方的情绪。换句话说，要让情绪"为我所有"，也要让沟通处于理智状态下，否则不如不沟通。

训练好声音，表达更具感染力

在西欧，德摩斯梯尼被称为"历史性的雄辩家"。一开始，尽管德摩斯梯尼知识渊博，思想深邃，十分擅长分析事理，能预见时代潮流和历史发展趋势，但他天生声音低沉，且呼吸短促，口齿不清，旁人经常听不清他在说些什么。

当他准备好精彩的演讲内容，第一次走上演讲台时，他遭到了惨重的失败，原因就在于他的低沉嗓音和口齿不清，结果被听众轰下演讲台。

但是，德摩斯梯尼并不灰心，他开始努力地训练自己的声音。他每天跑到海边去，对着浪花拍击的岩石放声呐喊；回到家中，又对着镜子观察自己说话的口型，坚持不懈地做发声练习。

如此努力了好几年，终于功夫不负有心人，德摩斯梯尼再度上台演说时，博得了众人的喝彩与热烈的掌声，从而一举成名。

在日常与朋友或同事聊天时，如果你拥有一副好嗓音，那就是你参与聊天讨论的天生资质,你一定能快速引起别人的注意,并可能因此成为聊天中的主角。如果你天生不具备一副悦耳动听的好嗓音,那就要通过后天学习,力求使自己的声音给人以如沐春风之感。

一个人说话的语调、声音会给听者带来不同的信息。当你生气、惊愕、怀疑、激动时,你表现出的语调会不同于平常,声音的高低也各不相同。人们常常会从一个人的语调、声音来判断对方是一个让人愿意亲近的人还是一个不讨人喜欢的人,所以语调、声音及说话时吐字是否清晰都是与人交谈时很重要的因素。

有一天上午,女主人独自在家,听到门铃声后她打开了门,眼前的一幕让她愣住了,一个彪形大汉手拿着一把菜刀凶神恶煞地站在门口,女主人很快就让自己镇定下来,面带微笑,温和地说道:"哟!您卖刀啊!请进吧。"进屋后,女主人请他坐下,又热情地为他倒茶,这一意外之举令本想来打劫的大汉不知所措,接着女主人又坐下来温和地与大汉谈论刀,还不时地讨价还价。整个过程中,女主人始终用一种亲切的语气和这位男子说话,氛围显得十分亲切与从容。男子紧张的心情慢慢平静下来,心中本要抢劫的念头渐渐消散了,借机把刀卖给这位女主人,就赶快走掉了。

上述故事中女主人凭着温和而亲切的声音打动了一个本打算打劫的男子,让他迷途知返。声音的魅力如此神奇,让人意想不到。

为什么我们会喜欢那些优秀的电视节目主持人呢？原因之一就是他们有准确清晰、端庄悦耳的声音，他们的声音具有使听众不会轻易转移注意力的特质。其实这些主持人并非天生就有一副好嗓子，而是经过长时间的练习提高了音质和音色。

口语的发送能力是说话时对语言的速度节奏、声调的高低、声音的轻重大小、语流的顿挫断连的控制和变化能力，是语言形象的重要的组成部分。如果一个人有较好的声音发送能力，不但发音明亮悦耳、字正腔圆，而且还能随着交际的内容、场景、双方的人际关系的不同，有高低抑扬、快慢急缓、强弱轻重、顿挫断连、明暗虚实等多种变化，其声音就具有强烈的音乐旋律感和迷人的艺术魅力。

有句成语叫作"余音绕梁，三日不绝"，就形象地说明了声音动听便可以给人一种美的享受，使别人都爱听自己所说的话。我们在谈话的时候应注意使自己的声音富有感染力，这样才能够打动别人。如果天生声音不太好听，也可以通过训练来改变。例如，你可以用录音机录下自己的声音，然后放给自己听，反复练习、反复地听、反复改进，长期坚持下去，不断弥补不足，是可以提高声音的质量的。

那么，具体怎么做才能提高口语发送能力，让声音听起来更美妙呢？

1. 发音要准确，吐字要清楚

读错字或发音不准会闹出笑话，毫无魅力可言；吐字不清，含含糊糊会使听众感到吃力，也会降低其接收信息的兴趣。

2. 要注意声调和语调

声调即单个词的调子，语调即贯穿整个句子的调子，两者决定了声音的高低抑扬。语调可分为降调和升调两种基本类型，随着句子的语气和表达者感情的变化可以分为多种类型。语调有区别句子语气和意义的作用。如"你干得不错"说成降调是陈述性句式，带有肯定、鼓励的语气；说成升调则是疑问性句式，带有不信任和讽刺的意味。在谈话时应注意把握语调，以增强吸引听众的魅力。

3. 注意语言的速度节奏

人们说话时，影响速度节奏的主要原因是内心情绪的起伏变化。速度节奏的控制和变化一般要通过音调的轻重强弱、吐字的快慢断连、重音的各种对比，以及长短句式、整散句式、紧松句式的不同组合才能实现。我们应掌握这些规律，做到说话时快慢适中，快而不乱，慢而不断，增强语言形象的美感。

此外，提高口语发送能力还应注意说话的语气，从语言的音强变化等方面来改进语音形象。靳羽西是全球公认的最有气质的东方女性，她在刚开始当电视主持人的时候，曾经向语言专家请教说话的技巧。通过学习，她发现说话的声音越低越好听，也越吸引人。如果留意一下电视主持人和播音员的播报，我们也会发现他们的声音既低沉，又很有力度，是从腹腔里发出的声音，自然而不做作。

话不在多,用真诚拨动听者的心弦

当小洛克菲勒还是科罗拉多州一个不起眼的人物时,发生了美国工业史上最激烈的罢工,并且持续了两年之久。愤怒的矿工们要求科罗拉多燃料钢铁公司提高薪水,而小洛克菲勒正负责管理这家公司。由于群情激奋,公司的财产遭到破坏,军队前来镇压。

在那种情况下,小洛克菲勒却赢得了罢工者的信服,他是怎么做到的呢?

小洛克菲勒花了好几个星期与罢工者交朋友,并向罢工者代表发表了一次充满真情的演说。那次的演说不但平息了众怒,还为他自己赢得了不少赞誉。演说的内容是这样的:

"这是我一生当中最值得纪念的日子,因为这是我第一次有幸能和这家大公司的员工代表见面,还有公司行政人员和管理人员。我可以告诉你们,我很高兴站在这里,有生之年都不会忘记这次聚会。假如这次聚会提早两个星期举行,那么对你们来说,我只是个陌生人,我也只认得少数几张面孔。由于上个星期以来,我有机会

第八章 说话有情感，温柔表达最暖人心

拜访整个南区矿场附近的营地，私下和大部分代表交谈过，我拜访过你们的家庭，与你们的家人见过面，因而现在我们不算是陌生人，可以说是朋友。"

"基于这份互助的友谊，我很高兴有这个机会和大家讨论我们的共同利益……由于这个会议是由资方和劳工代表组成的，承蒙你们的好意，我得以坐在这里。虽然我并非股东或劳工，但我深觉与你们关系密切，从某种意义上说，我也代表着资方和劳工。"

这段话可能是化敌为友的最佳艺术表现形式之一。假如小洛克菲勒采用的是另一种方法，即与劳工们争得面红耳赤，用不堪入耳的话骂他们，或用语音暗示错在他们，用各种理由谴责劳工的不是，结果可能只会招来更多怨愤和暴行。

曾经打败过拿破仑的库图佐夫在给叶卡捷琳娜公主的信中说："您问我靠什么魅力凝聚社交界如云的朋友，我的回答是'真实、真情和真诚'。"只有用一颗真诚的心与人交往，才能换来彼此的心灵相通，驱除人为的隔膜，坦诚以待。

真诚是一笔宝贵的财富，拥有这笔财富的人将是一个活得自在的人。同样，语言的魅力也源自真诚。

人与人交谈，贵在真诚。有诗云："功成理定何神速，速在推心置人腹。"与人交流时，捧着一颗火热滚烫的心怎能不让人感动？怎能不动人心弦？白居易曾说过："动人心者莫先乎于情。"炽热真诚的情感能使"快者掀髯，愤者扼腕，悲者掩泣，

羡者色飞"。

说话不是敲击锣鼓,而是敲击人们的"心铃"。"心铃"是一种精密的乐器,成功者总是能用真挚的情感、竭诚的态度叩响人们的"心铃",并刺激之、感化之、振奋之、激励之、慰藉之。对真善美热情讴歌,对假恶丑无情鞭挞,让喜怒哀乐溢于言表,使黑白贬褒泾渭分明。用自己的心弦去弹拨他人之心弦,用自己的灵魂去感染他人的灵魂,使听者闻其言,知其声,见其心。

由此可见,真诚的语言不论对说者还是对听者来说都至关重要。说话的魅力不在于说得多么流畅、多么滔滔不绝,而在于是否善于表达真诚。能赢得人心的人不见得是口若悬河的人,但肯定是善于表达自己真诚情感的人。

心理学家认为,人与人之间存在"互酬互动效应",即如果你真诚对别人,别人也以同样的方式给予回报。道声"谢谢"看似平常,可它却能引起人际关系的良性互动,成为交际成功的促进剂。

一个人若能用得体的语言表达出他的真诚,就能很容易赢得对方的信任,与对方建立起信赖关系,对方也可能因为喜欢他说的话,而答应他提出的要求。能够打动人心的话语称得上是"金口玉言""一字千金"。

说话是一个传递信息的过程,所以要提高自己的说话水平,增强自己的语言魅力,并不完全在于说话者本人能否准确、流畅地表达自己的思想,还在于说者所表达的思想、信息能否为听众所接受并产生共鸣。也就是说,要将话说好,关键在于如何拨动听者的心弦。

在生活中,有些人长篇大论甚至慷慨陈词可就是难以提起听者的精神,而有些人寥寥数语却掷地有声。为什么?因为后者能了解人们的内心需要,能设身处地地站在对方的立场,为对方着想,因此他们的话总是充满真诚,也更容易打动人心。

真诚的语言虽然是朴实无华的,但却是感人的。中国女足在一次比赛中获得了较好的名次,记者向运动员问道:"你们得了亚军后心情如何?你们是怎么想的?"其中一名运动员不假思索地回答道:"我想最好能睡三天觉!"

作为名人,这样的回答让人有些出乎意料,但它质朴、没有任何修饰成分,在采访现场爆发出一片赞许的笑声和掌声。如果这位运动员"谦虚"一番,讲一通"我们还有很多不足"之类的话,可能就没有如此强烈的反响了。

多站在对方的角度说话

放学回家的路上,徐莹遇到了张老师,她气鼓鼓地说:"张老师,你说丽丽多讨厌,我和她吵起来了。"

"为什么?"张老师一脸不解。

"她非说张学友是最好的歌星,张学友鼻子那么大,丑死了。我就和她吵起来了。"徐莹接着说,"丽丽太不够朋友,本来在班里我和她是最要好的朋友,可是她有什么心里话都不告诉我!"

张老师问:"你从来都是把任何心里话都告诉丽丽吗?再想一想,是不是每个人的喜好都一样呢?"

一句话使徐莹顿时像泄了气的皮球,她不好意思地说:"其实我也没把什么话都告诉她,可能她也有自己喜欢的人和事吧。"

人们往往不经意间会要求别人也喜欢自己喜欢的东西,自己没有把什么心里话都告诉好朋友却要求别人对自己毫无秘密,全部公开。但世界的丰富多彩就是因为每个人都不同,包括他们的个性爱好。每个人都有自己的隐私,怎么能要求别人公开隐私呢?

同理,沟通中请尽量忘记你自己,不要总是谈你个人的事情,人们喜欢的是自己熟知的事情。所以,在交际中多用"你"而少用"我",就可以发现别人的需求,尽量引导别人说他自己的事情,也是使对方高兴的好方法。以充满同情和热诚的心去听对方叙述,一定会给对方以最佳的印象,对方也会热情地欢迎你、接纳你。

每个人或多或少都有以自我为中心的思维,都渴望通过交谈受到别人的尊重和欢迎,因此凡事首先想到的是自己,往往开口讲话就是以"我"字当头。仔细观察人与人之间的言谈互动,你就会发现在言谈之中滔滔不绝的那些总是喜欢谈论自己的人,很难受到别人的喜爱、钦佩和尊重。

的确,人们感兴趣的往往是谈论自己的事情,而对于那些与自己毫不相关的事情往往会觉得索然无味,但只有你自己有兴趣的事情,不仅常常很难引起别人的兴趣,而且还令人觉得好笑。年轻的母亲会热情地对陌生人说:"我们的宝宝会叫'妈妈'了。"她这时的心情是高兴的,可是旁人听了会和她一样高兴吗?不一定。谁家的孩子不会叫妈妈呢?这是正常的事情,当你看起来充满了喜悦时,别人却不一定会有同感,这是人之常情。

如果你在说话中,不管听者的情绪或反应如何,只是一个劲地提到"我"如何如何,那必然会引起对方的反感。如果在交流中改变一下,把"我的"改为"我们的",既对你并不会有任何损失,又能获得对方的好感,使你同别人的友谊进一步地加深。

我们经常看到记者这样采访:"请问我们这项工作……"或者"请问我们厂……"演讲者经常使用:"我们是否应该这样"或"让我们……"等表达方式。因为"我们"这个词就是要表现"你也参与了其中"的意思,会令对方心中产生一种参与意识。

如果换成是"你们必须深入了解这个问题",便拉开了听众与演讲者的距离,使听众无法与你产生共鸣,而改为"我们最好再做更深一层的讨论"就会缩短与听众之间的距离,使气氛立刻活跃起来。

想让别人相信你是对的并按照你的意见行事,就需要人们喜欢你,如果你不能设身处地站在别人的角度,找到别人的兴奋点、热点,又怎么可能成功呢?

如果你在说服别人的过程中无意中使用了一些不太得当的言辞,你可以巧妙地运用了这句"如果我是你",便能弥补言辞上的过失。不仅如此,这句短语还能促使对方自我反省,使对方终于感觉到:唯有你的忠言,才是对他自己最有利的。

汽车大王福特说过一句话:"假如有什么成功秘诀的话,就是设身处地替别人着想,了解别人的态度和观点。"换位不但能让我们在与对方的沟通中获得理解,而且有助于我们更清楚地了解对方的思想轨迹及其话中的"要点",从而做到有的放矢,击中"要害"。

懂得安慰，让对方心中暖意绵绵

有一位年轻的建筑工人在高空作业时不慎摔伤，在医院里苏醒后他觉得下肢不听使唤，开始怀疑自己将终身残疾，甚至萌生了消极的轻生念头。

伤者的一位亲友发现他这一颓废的思想苗头，就及时鼓励他说："你年轻力壮，生理机能强，新陈代谢旺盛，只要你积极配合治疗，日后加强锻炼，不仅不会残疾，而且过不多久就会康复，这是医生说的，请你相信我。"

短短几句鼓励的话使受伤者抛开了轻生的念头，增强了治疗信心。在以后的日子里，伤者不但积极配合治疗，而且坚强地投入了生理机能的恢复锻炼。果然，数月以后即伤愈出院。后来他跟这位亲友说："要不是你适时给予我鼓励，我是无论如何也不会对恢复健康抱有信心的。"

由于朋友的鼓励，重伤的人才最终伤愈出院。探病的人会说话，能使病患精神振作，积极配合治疗，有利于恢复健康。因此，安慰的话被看成抚慰对方心灵的一剂良药。但若去探望的人说话不当，则会给病患造成颇大的心理压力，影响治疗效果。

当别人产生了厌恶绝望等念头的时候，要适时鼓励，使其消除这种想法，产生活下去的信心，它对调动对方战胜困难的意志和勇气有着举足轻重的作用。当某些人对自己所遇到的困难丧失信心时，我们如能适时地给予真诚和符合客观事实的鼓励，对对方心情的平复能起到良好作用。注意千万不要对病患说："哎哟，你看样子病得不轻啊，都消瘦成这模样了。"或者说："唉！治你这病比较麻烦，目前还没有特效药，真让人揪心。"这种话无疑是给对方的情绪雪上加霜，不利于治疗和身体的康复。

如何让自己的安慰对对方起到良好的效果，下面是一些建议，大家可以试试。

1. 认真去聆听，做好全方位了解

聆听不是让自己一言不发，而是仔细听对方说了什么、没说什么以及真正的含义。所谓的聆听，应该是用我们的眼、耳和心去听对方的声音，同时不要急着立刻知道事情的前因后果。我们必须愿意把自己的"内在对话"暂且抛到一边。所谓的"内在对话"是指听的同时在脑海中不自觉进行的对话，包括动脑想着该说什么、如何回应对方的话或盘算接下来的话题。

给人安慰时，耳朵比嘴巴更管用。满肚子的委屈需要的是两只

认真倾听的耳朵，而不是一张滔滔不绝、口若悬河的嘴巴。倾听的时候不要急于追问事情的前因后果，也不要忙着给对方指点迷津，给对方足够的时间和空间，让他自由表达感受，对方的苦恼会越说越少。

2. 仔细留意对方的感受，做到心知肚明

当去探访一个遭遇不幸的人时，要记住你到那里去是为了支持他和帮助他。要留意对方的感受，不要只顾自己的感受。不要以朋友的不幸际遇为借口，而把自己的类似经历扯出来。你可以说："我是过来人，我明白你的心情。"但是你不能说："我母亲死后，我有一个星期吃不下东西。"每个人表达悲伤的方式并不相同，所以安慰他人时，不能因为遇到一个不像你这样公开表露悲伤情绪的人而流露出指责之意。

3. 拥有足够的耐心，去感化对方

丧失亲人的悲痛表现各不相同，有的往往持续几年或者更长时间。一位寡妇说："我丈夫死后，儿女们老是说：'虽然你和爸爸的感情一直很好，可是现在爸爸已经去了，你得继续活下去才好。'我不愿意别人这样对待我，好像把我视作摔倒后擦伤了膝盖而不愿起身的孩子似的。我知道我得继续活下去，而且最后我的确活下去了。但是，我得依照我自己的方法去做。悲伤是不能够匆匆而过的。"

如果聊天对象的悲伤似乎异常深切或历时长久，你只需要让他

知道你在关心他。你可以对他说:"你的日子一定很难过。我认为你不应该独立应付这种困难,我愿意帮助你。"

4. 适当停顿一下,让自己思考一下

在对话之间有时说,有时听;我们还必须提醒自己,放慢不自觉产生的机械式反应。例如,想快速解决对方的不安,便直接跳到采取行动的阶段——说些或做些我们自认为对对方有益的事。如果没有停顿,我们就可能在刹那间说出稍后会反悔的话。安慰的艺术在于"在适当的时机说适当的话",以及"不在一时冲动下说出不该说的话"。

安慰时,从容不迫地停顿与思考可以让我们停止下判断、停止反应,并产生好奇心。停顿就像开车时变换排挡时所需使用的离合器:先减速到某种程度,扣上齿轮之后再进行有效加速。要避免在一时冲动下说出不该说的话。

5. 要接纳对方的世界

安慰人最大的障碍,常常在于安慰者无法理解、体会、认同当事人所认为的苦恼。人们往往容易将苦恼的定义局限在自我所能理解的范围中,似乎一旦超过了这个范围,就是"苦"得没有道理了。由于对他人所讲的"苦"不以为然,安慰者容易在倾听的过程中产生抗拒,迫不及待地提出自己的见解。因此,安慰者需要放弃自己根深蒂固的观念,承认自己的偏见,真正站在对方的角度去看

待他所面临的问题。

心理专家说的"放下自己的世界,去接受别人的世界"就是这个道理。最好的安慰是暂时放下自己,走入对方的内心世界,用他的眼光去看他的遭遇,而不妄加评断。

6. 不需"指教"他要怎么做

生活中不乏这样的例子,初入社会的学子在面试中几次碰壁,就开始怀疑自己的能力,沮丧彷徨。

这时作为朋友的你,要做的是客观分析现状,帮他验证。竞争失利时人们或多或少会产生自卑心理,这是很常见的问题,对话者所要做的事就是帮他克服这种自卑感。首先要肯定:"这可能完全不是你能力的问题,也可能是……"注意一定要讲他好的方面。至于他今后应该怎么努力,那是他自己需要总结的。

我们交谈的目的不是帮聊天对象解决实际问题,而是帮他解决心理上的感觉的问题。我们没有办法教朋友怎样争取到某个职位,那是他自己的事。我们所应做的是帮他调节情绪,让他不要耿耿于怀。给予安慰并不是告诉别人"你应该觉得……"或"你不应该觉得……"因为人们有权利保有其真正的感觉。这些人生经验和心得体会不是你要去讲的,而是要靠当事人慢慢摸索出来的。

7. 提供具体的援助,而不只是口头许诺

不需要别人找到所有问题的答案,但可以尽力提供具体的援

助,可以找认识的朋友或者专家,还可以找朋友的朋友帮忙找到答案。我们可以做的是为对方打几个电话、结下好的人脉,也可以找相关的书籍给他们阅读,或是干脆提供一个躲避的空间,让他们得以安顿下来,平静地为自己找出路。

第九章
巧妙解围,懂救场才不会使人尴尬

在沟通过程中,人与人之间的交流难免会因某种原因而受阻,使双方都感到很尴尬。如果你能巧妙解围,懂得救场技巧,就能使交流方向按照你的预期走,从而达到良好的沟通效果。本章主要介绍了一些有效的救场方法,你不妨现在就开始学习这些表达能力,说让人喜欢的话,做让人喜欢的人。

维护他人的自尊，人际关系才更和谐

田先生出席朋友的小宴会，发现朋友一共请来了十个朋友，但只要了三瓶酒。他知道十个人五道菜起码得五瓶酒才够，因此他心中琢磨朋友必定是手头不宽裕。

明白过来后他不露声色，向朋友请缨为大家斟酒。结果，五道菜上完大家的酒杯还是满的。朋友非常感激田先生给他圆了场，与田先生的关系也越来越好。

其实小宴会上田先生要让朋友"出洋相"简直太容易了，如果他性格直爽，不懂得个中的奥妙，往往会脱口而出"这些酒哪够啊"。这样的情形在生活中很常见，但是这样的话一说出来，朋友心里肯定会不舒服。

除了在遇到窘境时维护朋友的尊严，有的时候还要通过巧妙的语言在困局中给朋友长脸，不要让别人感觉掉价。

第九章 巧妙解围，懂救场才不会使人尴尬

张女士买了一套样式挺不错的西服，陈小姐看见了赞道："哇，张姐，这身衣服穿上，好精神啊！新买的？花了不少钱吧？"张女士开心笑道："呵呵，你猜。"

陈小姐了解市场行情，知道这种衣服两三百元完全能够买得下来，但她没有直接说出来，而是猜测道："这套服装样式是现在的时尚流行款，料子也很不错，至少得花四五百块吧？"张女士一听更加高兴了，笑得两只眼睛眯成一条缝儿，道："你没想到吧，我才花两百元就买下来了！"陈小姐大拇指一翘："嗨，张姐，你行啊，下次我买衣服得找你帮我砍砍价。"张女士笑说"没问题"。

陈小姐的说话之道是很值得学习的，她故意把衣服的价格说得高一些，令张女士产生成就感，当然会使对方高兴。这样说话实际上就是捧场，给人长脸，自然让人开心。

相反，如果陈小姐说："这种衣服也就两三百块钱。"张女士心里的感受会是怎样的呢？如果她的心地比较和善，会想："难道我的眼光不行？"如果她的情绪比较烦躁，或许她就会说："你也太没眼光了。"总之，她绝对不会如此高兴，心里还可能会产生一些疙瘩。这样一来，人际关系也就不会和谐了。

而陈小姐三言两语就说得张女士开心不已，是因为陈小姐深明人情世故的道理。人都希望自己的脸面有光，而担心掉价、丢份儿。所以，如果你想让一个人高兴，并能与之和睦相处，就应该尽可能地给他长脸。

有人觉得这是投其所好的世故奉承，因而不屑为之。其实，我们这样做的出发点是光明正大的，给人长脸，无论是对自己、对对方还是对社会都是没有害处的，相反，这种人际互动技巧往往能给对方、给社会带来欢乐。

面对一位三十多岁的女人，你说她看上去只有二十多岁；面对一个六十多岁的老人，你说他看上去只有四五十岁。面对这种"美丽的错误"对方是不会认为你缺乏眼力、对你反感的，相反，对方会对你产生好感，形成心理上的相容，如此又何乐而不为呢？而且这样做能够让人获得美好的心情，又没有任何妨害他人之处，这样的"美丽的错误"与"无害的阴谋"，多说一些又何妨呢？

照顾别人的颜面，给人长脸，是为人处世中应该学习的。懂一些人情世故，照顾一下别人的面子，会让人际关系更加和谐，也能让社会少一些矛盾冲突，多一些和气。

场面上的事情做得妥帖一点、光彩一点，也是对别人的一种尊重。你希望别人怎样对待你，你就应该怎样对待别人。你维护了别人的尊严，别人也会在意你的尊严。照顾他人的尊严，不忽略他人的感受，能于不动声色中帮助他人摆脱窘境。

相反，话说不美，不仅不能圆场，还很容易造成尴尬。有的人请客户吃饭，进门就问："今天有什么又好又便宜的特价菜啊？"弄得一旁随同前来的客人直皱眉，客人心里难免会想：难道在你心目中，我是那种只配吃特价便宜菜的人？还是你原本就是一个贪图小便宜、目光短浅又毫无生活质量的人？看来我得重新考虑跟你合作的事情了。

　　总而言之，在语言上维护他人的自尊，实际上也是给自己台阶。因此在话一出口有可能伤及他人的尊严方面，我们要多加注意。

灵活处事，化干戈为玉帛

有个男子到小吃店要了一份面，面的鲜味刺激了他的呼吸道，随着"阿嚏"一声，他嘴中的面虽然没有呛进鼻腔，却被这突如其来的喷嚏喷到对面一位顾客的面碗里。

那位顾客见此顿时大怒，"呼"地一下站了起来，一拍桌子，喝道："没长眼睛啊，你朝哪儿喷呢！"

这名男子也愣了，他缓过神来，转头就冲伙计喊："我告诉过你不要放辣椒的，你干吗在里边放辣椒？你瞧瞧，现在可怎么办？你赔我面钱，我要赔人家的面钱！"

伙计很委屈，争辩道："面里没有放辣椒。"周围的顾客都看了过来，眼看三个人就要闹起来了。

老板见势不妙，赶紧跑过来圆场道："太抱歉了，是我们服务不周。"说着，又对厨房大手一挥："再下两碗面，面钱免啦。只有大家和气，才能生财嘛！"面对老板真诚的笑脸和诚恳的态度，两位顾客也不好意思再发作，于是也各自忍让一步了事。

如果老板这个时候不照顾这两位顾客的感受，试图用讲道理的方式让他们分出是非黑白，只怕这生意就不必做了。相反，他及时地圆场，照顾了顾客的感受和面子，让事情得到了圆满的解决。

与人相处，要学会说好话、打圆场，帮助别人消除不良的情绪。在当事人十分懊恼或不快的时候，有时旁人说几句得体的美言，便能够消除矛盾，结局圆满。

清朝名臣张之洞任湖北总督时，有一次适逢新春佳节，抚军谭继洵为了讨好张之洞，设宴招待他。不料席间谭继洵与张之洞因长江的宽度争论不休，谭继洵说五里三，张之洞则认为是七里三，两人各持己见，互不相让。

眼见气氛紧张，谁也不敢出来相劝。这时位列末座的江夏知县陈树屏说："水涨七里三，水落五里三，两位大人说得都对。"这句话给两人解了围，他们都抚掌大笑，并赏陈树屏纹银若干。

作为下属的陈树屏，能够调解上司的纠纷，可谓智慧，其巧妙且得体的言辞既解了围又使矛盾双方都有面子。他的说话方法就充分考虑了听者的心理。众所周知，对一件事情的描述，每个人都会有不同的表达方式。话语含义的微妙差异、在说话时应该付出的热忱诚程度等，都需要我们下一番功夫推敲。

有时交谈的重点会在我们轻松得体的说话中明显地表达出来，还有的时候，我们心平气和地与人说话也会给对方留下深刻的印象。这是为什么呢？因为在不同心态下用不同的说话方法，可以决定我们能否把该强调的重点充分地表达出来。

有时成功地"打圆场"能让一方摆脱尴尬，一方转怨为喜，最终皆大欢喜。当然，要圆满地解决矛盾还需要机智灵活、随机应变，不仅要说得巧妙，更要说得得体。

若你是一个领导，对于下属之间的纠纷有时只要主动承担责任，就可以化解双方的矛盾。

小李和老宋同在办公室工作。一次，小李去机关听报告，老宋不知情，因此对小李很有意见，当面质问小李为什么不告诉他听报告的信息，两人因此大吵起来。

主任了解两人吵架的原因后，对老宋说："听报告没有通知你，不是小李的错，是我没有要他通知你，因为你们两人有一个人去听报告就行了。你如果有意见就对我提吧，不要责怪小李啊。"

老宋听后，觉得自己错了，于是主动向小李致歉，他们又和好如初。

打圆场的目的是消除彼此的误会、矛盾，缔造和谐与平衡的人际关系。善于圆场的人能够整合周遭环境，不仅能够调解组织内的纷争，维持组织的稳定团结，还能够劝合一个分裂的家庭，抚平朋友之间的嫌隙，由此可见，打圆场往往有着搭起人与人之间沟通桥梁的重要作用。

第九章 巧妙解围，懂救场才不会使人尴尬

三思后言，避免覆水难收的尴尬

姜子牙因为仕途不顺，辞官之后来到渭水河畔隐居，每天钓鱼度日。他的妻子马氏认为他不思进取，对生活失去了希望，执意要离开他。姜子牙很爱自己的妻子，努力劝她不要离开，并许诺将来会大富大贵，可惜并没有挽留住马氏。

后来，姜子牙靠"直钩钓鱼"经营出自己的名声，投到周武王麾下效力，帮助他平定天下，得享沃野千里，位极人臣。这时候，马氏开始后悔离开姜子牙，并且找到他要求复合。

此时的姜子牙已经对马氏失望至极，虽然答应见她，并且送给她一些财物，但拒绝和她重归于好。马氏却坚持说："我们很早就成亲了，而且一起度过了最艰难的时期，有稳固的感情基础。现在，一切都好起来了，为什么不能和好如初呢？"

姜子牙说："我们哪里还有什么感情可言，当初你离我而去，可曾在意我劝你留下的话？既然你选择了离开，就好比一杯水倒在了地上，倒出去时轻而易举，收回来可就难了。"说完，姜子牙把

一杯水倒在地上，水立即渗入地下，眼见是收不回来了。

这就是覆水难收的典故。

一句话说出口之前，你是它的主人；但是在说出口之后，它就会立即成为你的主人。一个谎言出口，别人会进行质疑，你不得不再编出十个谎言去圆，对方再质疑，你再编出一百个、一千个、一万个谎言，直到完全崩溃。因此，在一句话出口之前必须深思熟虑，切忌因为一时的"心直口快"而陷自己于被动。在历史上，因为一句话而得罪人、办错事甚至丢掉性命的人都是很常见的。这里所说的"三思"其实只是一种意识，真正在沟通中付诸实际时可能连一秒钟都用不了。

相信很多人都有过这样的经历："哎呀，话一出口我就后悔了。""真不该多那一句嘴。""要是我什么都没说就好了。"这样的事情在我们的生活和工作中屡见不鲜，究其原因，就是因为我们说话时没有"覆水难收"的意识。如果你不幸养成了这样的习惯甚至毫无更正的意识，那么长此以往你的人际关系必定陷入一塌糊涂之中。要知道，只要恶语出口，哪怕你本身并无恶意，也会不可避免地中伤别人，这对于你来说是有百害而无一利的。

具体来说，我们应该从以下三个方面审视自己，三思后言。

1. 审视自己的心态

一个人对心态的重视程度完全可以和他的成熟程度画等号，因为心态越好的人通常越成熟。一个具有良好心态的人在面对事情时不会出现较大的情绪波动，思想不会被带入死胡同。因此沟通前应该有意识地建立良好的心态。

2. 审视自己的思维

我们有以下三个方法审视思维：一是积极接触正面事物，最简单的方法就是结交一些阳光开朗和外向活泼的朋友，在他们的带动下走出灰暗；二是积极调整自己对世界的认识，要了解一些正面的理论指导，从而挤掉头脑中的负面想法；三是积极努力地去进行实践，因为再好的理论指导也要通过实践，才能真正内化为自己的思维，从根本上保障自己不会因为一时嘴快而出口伤人。

3. 审视自己的情绪

一个动不动就产生剧烈情绪波动的人很容易说出让自己后悔的话，甚至做出让自己后悔的事。因此，一旦我们的情绪出现波动，哪怕只是刚刚露出一个小小的端倪，也要马上对自己说："请注意，不要失去理智，你已经做过太多让自己后悔的事情了。"当这样的心理暗示成为习惯，情绪邪魔就会逐渐褪去，进而让自己的所说所做完全受思维控制，同时促进自己的思维和心态形成良性循环。

批评话悦耳起来,对方更易接受

批评别人的时候客气一点,对方会更愿意听你的话,相反,你的话若不太客气会容易让人产生逆反心理。批评的话本来就会让人心里不好受,这个时候若说话的方式也不太客气,就更容易让人讨厌了。所以,在批评别人的时候一定要注意自己的表达方式。

可以设想一下这样的情景:假设你坐在出租车上,开车的是一位年轻人,他一只手伸出车外,一只手握着方向盘,把车开得飞快,这时你是否应劝一劝他?如果不劝,恐怕你要一直提心吊胆地坐到下车,年轻人的开车技术倒是很熟练,可是谁能保证这种"走钢丝"式的开车法绝对不出意外呢?如果劝,只有一面之交的你该如何开口?

遇到这一情况时,有位老妇人是这样说的:"小伙子,这个地方是不是经常下雨呀?"

"可不是,'六月天、孩儿脸——说变就变'哪!"

"那你把手拿进来怎么样?如果天下雨,我会告诉你的。你单手开车,太危险啦。"

这位年轻人笑了起来,顽皮地说:"奶奶,您不用担心,我会注意的。"说着,他就把伸出去的手拿了进来。

其实,年轻人把手伸到车外,绝不是为了试试是否下雨,而是一种坏习惯,这一点老人心里自然是明白的。但是,如果直接地指出这是一种坏习惯,年轻人在情绪上就可能产生与她对立的倾向。

老妇人深明此理,她"知其非但不言其非",故意往好的方面误解。这种误解一方面能给对方留面子,消除情绪上的对立;另一方面,又能以误会制造出笑料,使之产生幽默的效果。

有位作家到美国访问,他的一位美国朋友带着儿子来看他。在作家与朋友愉快谈话的时候,美国朋友的儿子爬到了作家的床上,并在上面蹦跳起来。

作家很想直截了当地请他下来,不过,他转念一想:如果直接提出异议,必定会使孩子的父亲产生歉意,同时也显得自己不够热情。于是,作家说了这样一句话:"请你的儿子回到地球上来吧!"

美国朋友听后,说:"好啊,我和他商量商量。"

以上这些批评和要求方式都是委婉、含蓄的,属于提醒式的,但它们的效果远胜过直接批评。

批评不是泄愤，若批评的目的是为了让对方改正错误，那就应该在沟通方式上想办法，让对方更愿意去接受我们而不是讨厌我们。以下方法可供参考。

（1）批评时对人怀抱同情心，这样就不会吹毛求疵，反而对产生错误的原因能加以谅解。提出意见时，我们要时刻保持和对方站在同一立场的心态。

（2）说话要温和委婉，杜绝使用刺激性或使人听了不舒服的字眼。如果语气令人无法接受，即使对方表面上接受了，心里也会不服气。

（3）话不在多，纠正他人的错误时说得越少越好，最好是一两句话就能使对方明白，然后将话题转到其他方面。切忌喋喋不休，让对方产生窘迫甚至反感之情。

（4）面对别人的错误，我们指出并加以指正是应该的，但同时更应该对其正确之处进行肯定或赞扬。

（5）在说服他人改错之前，最好的办法是让对方不知不觉地认可你的想法，让他觉得是他自己改正了，而不是在你批评之后改正了，这一点非常重要。

（6）对于他人出现的不可挽回的过失，应该站在朋友的立场恳切地指出来，使他真心地意识到自己的错误并改正，而不应该一味地指责。

（7）语气非常重要，指出别人的错误时最好用请教式的温和语气。没有任何人愿意接受他人自上而下的命令式的口吻。

转变思维说话，就能突破窘境

有个理发师收了一个徒弟，这个徒弟很认真，学习了三个月便信心十足地上岗了。

第一位顾客来了，他规规矩矩地接待了，然后认认真真地理完了发。他感觉自己理得还不错，但没有想到的是，顾客照了照镜子却说："头发留得太长了。"这话让小徒弟有些不知所措。

这个时候，边上的老师傅笑着说道："头发长能让您看上去更加含蓄，这叫藏而不露，很符合您的身份。"那位顾客的脸色本来不太好，听了老师傅的话后顿时笑了起来，高高兴兴地走了。

小徒弟给第二位顾客理完发心里就有点忐忑了。果然，这位顾客照了照镜子也没有好话，说："头发剪得有些短。"小徒弟想辩解几句，又怕引发争执。

这时，边上的师傅又说话了："头发短才能显出您的精神，这个形象看起来更朴实、厚道，让人感到亲切。"顾客转嗔作喜，点点头走了。

收起沮丧的心情，小徒弟接待了第三位理发的客人。这次顾客理发后倒没有挑剔，只是最后笑着对他说："花的时间挺长的。"小徒弟一下子就听出顾客的不满意，心里很委屈：还不是为了给你剪得好一点儿啊！但是这样的话他不能说出来。

边上的师傅再次开口："为大人物理发，自然要多花点儿时间！"顾客听罢，大笑而去。

吸取了上一次的教训后，小徒弟为第四位顾客理发的速度就加快了。然而，让他没有想到的是，这位顾客一边付款一边说："动作挺利索，十分钟不到就解决问题了。"言下之意似乎怀疑小徒弟理发不够认真。

徒弟无语了。

师傅笑道："时间就是金钱，如今这个时代，讲求的就是'速战速决'，我们理发店也要与时俱进，帮助客人赢得时间。"顾客听了，点头赞同，欢笑告辞。

晚上下班，小徒弟不解地问："师博，是不是我手艺还没有学到家呀？为什么每次都让顾客不满意？要不是您在边上为我说话，我今天说不定就会和顾客吵起来了。"

老师傅笑道："做我们这一行，顾客就是上帝。遇到挑剔的顾客也很正常，所以我们要学会随时解决这些问题，而解决这些问题的关键就是会说话，会说顾客喜欢听的话。每个人都爱听好话，你把话说好了，所有顾客提出的问题也就迎刃而解了。你的理发技术是合格的，现在你要学习的是说话的技术，明白吗？"

第九章 巧妙解围，懂救场才不会使人尴尬

小徒弟仔细想了想，明白了其中的道理。从此，他观察学习得更加刻苦了，说话的方法和理发的技艺也越来越精湛。

面对顾客的挑剔，小徒弟总是无言以对，因为在他看来，自己确实没有满足顾客的要求。但是老师傅出马，几句话便轻描淡写地抹去顾客的不快，让顾客开怀离开。这就是不会说话和会说话的区别。

同样的意思，不一样的表达，带来的效果也不一样。好好揣摩理发师的说话艺术，我们从中能够领悟到什么道理、得到何种启发呢？生活中经常会遇到问题，而解决其中有些问题，只需要动一动嘴就可以了。

其实，这种囧境突围的说话方法的妙处就在于改变思维——把坏事变成好事。我们做事，不仅要会干，更要会说。回想一下日常工作和生活中的琐事，我们不难发现，由于说话水平不同，我们获得的效果和回报也大不相同。话说得好，让听者高兴，办事就更有效率，问题就更容易解决，回报就更高，相反则可能造成麻烦。

仔细想想，如果那个小徒弟没有老师傅在边上解围，很可能就会和顾客争辩，又或者服从顾客的指点去返工，结果陷入吃力不讨好的境地。有的人觉得，解决问题非得实干不可，其实这样的观点是片面的。生活中许多问题其实都可以通过说话来解决。所以有人说"一句恰到好处的话可以解决一个天大的难题，改变一个人的命运；一句不得体的活，可以导致错失一个天大的机遇，毁掉一个人

的一生。"

在职场上,你每天都要和同事、领导、客户说话;在家庭中,你每天都要和亲友、孩子进行交流。会说话,你就能够和同事友好相处,与领导搞好关系,同客户达成协议;会说话,你就可以消除与配偶的误会,增进彼此的感情,拉近和孩子的距离。学会说话,说让人开心的话,将为你打开人生的另一扇门。

第十章
说话有禁忌,切忌踏进危险的雷区

在人际交往过程中,我们一定要记住哪些话能说,哪些话不能说,自己一定要有一定的分寸。懂得说话的人,不会口无遮拦,不分场合、不分对象乱说一通,他们能够做到避开禁忌话题;而不懂得好好说话的人,只会信口开河,处处得罪人,这种人祸从口出,言而无忌,让自己的人生暗淡无光。因此,要想成为一个受欢迎的人,要想与人在人际交往中和谐相处,掌握说话禁忌很关键。

忌过于主观，以免思路钻进死胡同

早晨刚刚打开电脑，准备开始一天工作的党飞忽然停下，一股莫名其妙的烦躁忽然向他袭来。落座之后，党飞登录QQ聊天器，看到自己的几个朋友都在线，就想和他们随便聊点什么散散心。

党飞说："方案策划思路枯竭，内容填充工作量大，同事爱答不理，领导动不动就摆脸色，日子怎么过成这样了？我上辈子是不是欠了他们的钱啊？"

初中同学"小猪快跑"说："多大点事儿啊？咱们都是做大事的人，你得拿出当年带着我们偷西瓜的气势，用你的聪明才智征服他们！我就不信了，堂堂的党飞大英雄，还能让一群小虾小蟹搞坏了心情？我在这里坐等你升职加薪的消息，记住啊，天上飘来五个字——这都不叫事。"

高中同学"吃草的牛"说："你不要万事从主观角度出发寻找原因，而是要尽量把思路校正得客观合理，只有这样才能在人际交往中站住脚。你说同事不爱搭理你，那你有没有主动和同事搭过讪？有没有不求回报地帮助过他们？你又说领导总给你摆脸色，你的臭脾气大家都知道，什么时候能改改？做人，一定要学会客观分析问题，要懂得转换思路，反思自己。"

党飞把"吃草的牛"的对话框关掉，把"小猪快跑"的对话框留下，把里面的内容又看了三遍后，信心满满地投入到了一天的工作中去。

生活和工作中收到同样的回复，相信你也会做出和党飞相同的选择。原因很简单，我们需要的建议是能够帮助我们走出困境的，而不是让我们的处境雪上加霜的。每个成年人必然都有自己"独到"的见解，因而在收到朋友求助信息的时候，人人都难免根据自己的经验做出一番分析。殊不知，我们的分析固然有道理，出发的角度却过于主观，有时会不可避免地让自己的思路走进死胡同。

尤其是在别人向我们寻求帮助的时候，对方需要的往往并不是长篇大论的分析及火上浇油的"同仇敌忾"，而仅仅是几句安慰和激励的话。可惜，很多人一旦收到别人的求助信息就会觉得对方是在"虚心"向自己求教，如果不好好"教导"对方一下，就显不出自己的阅人无数和饱经风霜。其实不然，如果我们能够轻声问一句："怎么了？"也许就能引爆对方的倾诉欲，这个时候我们只要静下心来倾听，就能够帮助对方解决问题，同时得到对方的信任和感谢。

有时候，别人在与我们交流的过程中可能会时不时地显摆一下。遇到这种情况该怎么办呢？可能有些人会觉得：你穷显摆什么呢？不就是取得了一点点成就吗？一点都不懂得低调做人的道理。如果我们有这样的想法，最好只是让它停留在想法阶段，否则出口必定伤人。因为每个人都有虚荣心，对方取得了一些突出的成绩时，显摆一下也是非常正常的事情。这个时候，哪怕我们已经看穿了对方的心理，又何妨送上几句赞美的语言，让彼此之间还能愉悦地继续交流呢？如果此时的你非要显示自己的"聪明"甚至表明自己的"个性"，从实质上来讲，你和他又有什么区别呢？

其实，别人主动与我们沟通的时候，需要的并不是真正的解决方案，也并不想征求多么有价值的建议。退一步讲，即使对方的目的在于此，如果我们不能首先给出情感上的理解和支持，也别想完成顺畅的沟通。

以老师为例，有些老师受到学生的欢迎，学生的这门课的成绩就会越来越好；有些老师不受学生欢迎，学生的这门课的成绩就会差些。说白了，就是学生在感情上有没有接受这个老师，并且在此基础上建立高效的沟通渠道。

可以说，情绪是我们在沟通中最该关注的因素，提高情商以避免沟通时进入僵局，是每个聊天高手势在必行的沟通修为。

说话留余地,不要出口就伤人

美女前台第一天上班,自身的姣好条件加上恰到好处的穿衣打扮,让公司所有男同事都眼前一亮。然而,这位不谙世事的美女前台很快却成了所有女同事羡慕和嫉妒的对象,当一位男同事因为盯着她看而与女主管撞个满怀时,美女前台肆无忌惮地笑出了声。

女主管不悦地看了一眼美女前台,说:"上班要有上班的样子,不要打扮得这么花枝招展,你又不是来选美的。"

美女前台一脸无辜地说:"可是我已经穿得很职业了呀。"

女主管说:"你穿得职业吗?请你看看大家都是怎么穿的,有谁露的像你这么多。我建议你最好回家让你爸妈看看,如果他们觉得没问题,你再穿来上班。"

美女前台更加无辜,眼中噙着泪水说:"这身衣服就是我妈妈给我买的,我还觉得露呢,可她说她们公司的员工都这样穿,你凭什么这样说我?"

女主管见美女前台情绪失控,更加得意地说:"凭什么?就凭你妈妈让你穿这么露的衣服出来,她的价值观就有问题。"

美女前台落下泪来,说:"你要对自己说过的话负责任。"

女主管叉起腰说:"当然,你有什么不满的地方可以向总公司负责人投诉我,我就在这里等着你。"

美女前台说:"这可是你说的,我现在就投诉你。"

女主管说:"好,有魄力。小齐,把孟总的电话给她,我倒要看看她怎么说?"

美女前台说:"不用麻烦,我有孟总的电话。"然后她接通电话说:"妈,有人说你给我买的衣服不好看,还说你价值观有问题……"

很多人在与人沟通的过程中都会追求所谓的"一针见血",不仅不顾及对方的颜面,甚至还想要逞一时的口舌之快,拼命把对方踩在脚下,仿佛不如此就不足以表现自己的聪明过人。要么柔声细语绵里藏针,要么含沙射影笑里藏刀,总是不出口则已,一出口就要"打"到别人的"七寸"。其实,这种做法是非常不明智的,虽然你得到了一时的口舌之快,但是却在对方的心里埋下了厌恶甚至仇恨的种子。如果对方是比较宽和的人还好,如果对方是一个心胸相对狭隘的人,那么迟早有一天,会"连本带利"地将这种负能量还给你。

出口伤人尤其容易成为一些领导者的弊病,他们心里揣着铁面无私的原则,嘴上摆出黑脸判官的架势,好像下属的做法稍有不妥他们就会"狗头铡"伺候。如果我们进行仔细分析,就会发现这类人的意识中非黑即白,下属一旦越矩就是大错特错,必须加以严格惩处才能教训当事人,并且借此警示其他人。事实上,这类人即使在工作中能够站住脚,也不会成为大家真正拥护的人,说白了就是"不招人待见"。他们稍有不慎就会走入主观思维的死胡同,变得刚愎自用,惹得大家怨声载道。

有些负面信息携带者虽然不会出口伤人,但是会出口害人,尤其是他们的话对别人形成了影响的时候。通常来讲,这类人都比较多疑,而且喜欢絮叨,对人对事都比较苛刻,就是俗话所说的"事儿妈"。最要命的是,这类人通常带有悲观情绪,因而只要他们一开口就是对每样事物的不满,尤其是在遇到不平之事的时候,很容易把我们的情绪也带入负面。当我们认真与之沟通的时候,就会发现这类人通常只会抱怨,基本不会主动出击去争取和改变什么,因而他们的抱怨是毫无意义的,我们应该尽早远离这样的人。

有些人的头脑比较灵活,知道对方想听什么、不想听什么,因而总是能把大家哄得很高兴。应该说,刚一接触的时候这类人是比较受欢迎的,但是接触时间长了却会让大家觉得他们难当大任。如果我们有这样的问题,应该在意识到问题的基础上尽快掌握一些真才实学,切忌停留在油嘴滑舌的阶段自得自满,如果不改正,到头来必定成为那个"不招待见"的人。

还有一种在交流时"不招待见"的人就是追求胜利的完美主义者。成功和胜利的获得能够带给我们利益和荣耀,因而每个人都会心向往之。但也正是因为如此,我们必须要兼顾别人对胜利的向往之心,不要总是奢求一家独大,自己把所有的好事都占尽,把所有的话都说绝。要知道,在你看似获得所有优势的同时,也许已经站在了所有人的对立面。

模糊表达容易让人产生误解

很多人说话的时候都有一个习惯：明明非常确定的事情，一张嘴就是可能如何如何；明明非常确定的数字，因为害怕出错，结果说出来之后还是大概多少多少。虽然有时候人们的含蓄是为了给自己留条后路，但客观来讲，这种不明确的表述方式会让听者非常反感。模糊的表达会让听者不知道你所言是真是假，于是，他们就会去猜测。不管在什么情况下，让对方被动猜测都是一种不好的征兆的开端。

张来和徐彬是大学同学，俩人毕业后进入同一家公司工作。不过，在公司工作了一年后，徐彬就被提升为总经理助理，而张来还只是一个刚刚转正的销售部助理。张来越想越感觉不对，因为论胆识、论智慧，自己并不比徐彬差。

最后，张来实在按捺不住，便去找总经理理论。

听完张来的抱怨后，总经理并没有指责他什么，只是问道：

"你们部门这个月的业绩是多少？"

张来先是一愣，不知道总经理这样问的意图是什么，想了一会儿后还是做了回答："这个月的业绩整体来说还算不错。"

总经理："怎么个不错法，具体业绩是多少？"

张来："700万上下的样子吧？"

总经理："到底是上还是下？"

张来："这……"

张来被总经理问得卡在那里了，不知道该如何应答。总经理摇了摇头，让张来把徐彬叫来。

徐彬来了之后，总经理径直问道："我们公司这个月的销售情况怎么样？"

徐彬几乎不假思索地说道："公司这个月到目前为止已经完成了1 600万的业绩，比上个月同期多出150万，其中销售一部完成了750万，销售二部完成了850万。"

听完徐彬的汇报，总经理满意地冲他笑了笑，然后对张来说道："看到了吧，这就是你们之间的差距。作为助理，要时刻对公司、部门的销售业绩有一个最为清晰的了解，而你呢，说出来的数据含糊不清。如果你自己都不确定，还怎么让领导相信呢？其实论能力，你和徐彬并没有明显的差别，但是你说话的时候总是习惯性地用'大概''可能''也许'这样的词汇，让人听起来很反感。相反，你刚才也听到了，徐彬汇报业绩时就会用非常准确的数字，一点儿也不含糊。所以说，和你的汇总相比，我更相信徐彬的。"

第十章 说话有禁忌，切忌踏进危险的雷区

一般情况下，人们都会用较为准确的言语来表达自己的观点，比如用些具体的数字或者专业词汇等。数据可以让陈述更明确，使用专业词汇可以让表达更简洁，两者结合就是最好的表达技巧。事实上，当你的语言简洁了，表达明确了，对方就会感觉你很专业，对你所说的话也会更为信服。

当然，简单、明确并非不顾客观条件地自话自说。事实上，如果言语太简洁了，反而会引发歧义，让对方摸不着头脑。所以说，该复杂的时候，语言也要适当复杂一些。

有个青年学子从南方的城市来到北京，想参观一下北京大学。无奈在大学门外溜达了一大圈，也不知道如何进去，因为那里有门卫。他以前听朋友说，要进大学，必须有证，否则不能进。正当他犹豫的时候，从大学里走出来一位戴着眼镜的老者，看起来像个教授。这个学子便走上前去问道："老师，请问怎么才能进入北大呀？"

老者看了一眼这个年轻人，然后语重心长地解释道："好好学习，好好考试，就能进入北大。"

听老者如此说，年轻人愣了一下，然后满脸通红地解释道："老师，我是想问从哪个门进入北大方便一些，就是不用查证……"

听年轻人这样一说，那位老者倒是愣在那里了。

产生这样的误会，固然和老者的理解方式有关，但也不能否认

年轻人的问话方式是有问题的,因为他的表述不够严谨、准确,容易让人产生误解。其实,这种误解的情况在生活中比较常见,不仅仅是问的人会说些有歧义的问题,而且回答的人有时候也会因为理解角度不同,答得莫名其妙。可能很多人都听说过下面一则故事。

某人家中失火,慌忙中拨通了火警的电话。

接线员问道:"哪里着火了?"

报警者回答:"我家。"

接线员很无奈地说:"我说的是什么地方。"

报警人回答说:"我家厨房。"

接线员再次说道:"我是问我们怎么去。"

报警人反问道:"你们不是有消防车吗?"

第一个例子中,小伙子的问题之所以有歧义,是因为他太心急了,没有把想说的意思表达完整;第二个例子中,报警者的回答之所以让接线员很无奈,则是因为他理解问题的思维很"诡异"。报警之后告诉接线员自己的具体位置是大众都应该知道的常识性问题,而接线员之所以问得简单是因为怕延误救援,所以,我们不能将责任推到接线员身上,反而是报警者应该反思。

毫无疑问,表达简单、明确对说服他人起着至关重要的作用,但是也有一个前提,那就是你要把自己的话说清楚了,把对方的意思理解到位了。

多说积极正面的话，交流不易受阻

我们都知道，积极正面的语言会让人振奋，而消极负面的言论会让人颓废。所以，人们都喜欢和充满正能量的积极人士相处，而不喜欢和消极的人在一起。试想一下，如果你说了别人不爱听的话，对方肯定会讨厌你，那么你又凭什么让对方接受你的观点呢？因此，为了增强言语的力量，我们就需要多说一些他人喜欢听的积极正面的话。

马翔宇是一名刚入行的推销员，因为业绩很差，所以最近很苦恼。在周末和某个同事吃饭的时候，他感慨道："或许我压根就不是做销售的料。"

为了安慰翔宇，这位同事让他把平时见客户的场景模拟一遍，一起看看问题究竟出在哪里。

马翔宇虽然有点儿沮丧，但不想辜负同事的这番好意，就把平时见客户时用的话术阐述了一遍："一般我见到客户后，都会这样跟他们打招呼，比如：'张先生，实在是抱歉，周末打扰你，还望见谅，你现在有时间吗？'结果，很多情况下，我这句话还没说完，就被对方给一口回绝了。然后对方会说：'要不下次吧，我现在很忙。'"

听完马翔宇的话，同事低头思索了一会儿，然后说道："我知道问题出在什么地方了，其实你在一开始的时候就已经让自己处于被动的局面了。首先，你没必要向客户道歉，因为耽误他的时间，是为了给他带来利益。事实上，客户应该感谢你给他介绍了那么好的产品，而不是你道歉说耽误了他的时间。如果你道歉了，则说明你对自己的产品不够自信。其次，当你道歉的时候，你无疑会向对方传递一种相对负面的情绪，不利于对方接受你会谈的请求。其实，你完全可以换一种说法，比如：'张先生，能在周末找到你真是太高兴了，给我3分钟时间应该没问题吧？'"

第二天，当马翔宇去拜访客户的时候，他采纳了同事的建议，结果顺利多了。

马翔宇最初会遭遇失败，跟他说话的方式有很大关系。面对他的问话，客户肯定会想：明知道会打扰，为什么还要来？至于"你现在有时间吗"这样的问题，更是会让客户反感。事实上，这样的问话已经为客户的拒绝铺平了道路，因为人们会顺着你的问题回答"没时间"。而同事的建议就很巧妙地规避了这些问题。"找到你很高兴"既表达了自己兴奋的情绪，又可以很自然地拉近与对方的距离。"给我3分钟时间"用得也很巧妙，因为就算客户再忙，也不会忍心拒绝3分钟的请求的。

有个教徒在祈祷的时候烟瘾犯了，便问在场的神父："祈祷的时候，可不可以抽烟？"

神父说："这是对神的不尊敬，不行。"

此时，坐在他旁边的另一个教徒也想抽烟，然而他是这样问神父的："吸烟的时候，可以不停止祈祷吗？"

神父回答："难得你有这样一份心意，当然可以。"

虽然两个想抽烟的人表达的是同样的意思，但因为说的技巧不同，得到的答案也完全相反。所以说，积极正面的语言有时候并不是说你的热情到位就够了，它需要一点儿策略和技巧在里面。在表达的过程中，为了让语言更充满正能量，我们可以借鉴以下技巧。

1. 变"但是"为"正因为如此"

为了强调手写汉字在现代社会的重要性，若有人说："虽然现在已经进入了互联网时代，但是手写书信依然很有价值。"这句话虽然把意思表达清楚了，但说服力一般。倘若我们换一种说法："现在已经进入了互联网时代，正因为如此，手写书信才显得弥足珍贵。"这样的说辞，不仅给予手写书信正面的肯定，而且会让读者产生用手写书信的强烈冲动。

2. 多说"没你不行"

虽然我们都知道无论少了谁地球都会照常转动，但是对某个个体而言，当听到他人说"没有你真不行"的时候，他们都会异常激动。特别是热恋中的姑娘听到男朋友这样说，肯定会更加兴奋。这句话的价值就在于，它突显了对方存在的重要性。一般人如果肩负了这样的"使命"，就会乖乖地顺从。

3. 避免说容易让人丧失信心的话

在工作不顺心、生活不如意的时候，人们总会习惯性地唉声叹气，或者说些抱怨的话，比如"这肯定不行""我的能力有限"等。如果自己认同了这些话，就会变得懒惰、不思进取。这些话不仅会产生连带效应，也会让你给他人留下一种固有的懒散形象。一旦人们对你有了这种印象，你再想改变，就会难上加难。

为什么你的话没人听

一日，孔先生回家后情绪很糟糕，妻子问他发生了什么事，孔先生抱怨说："不想干了，每天累得半死，工资却少得可怜。"

妻子眼前一亮，说："那就换个工作呗，我朋友老公开了家公司，也是做你这一行的，上次聚会他还和你聊过，让你去他那里，忘了？"

孔先生愣了一下说："以后再说，我很累，洗洗睡了。"

第二天，妻子见孔先生回家，立即迎上去问："你考虑得怎么样了？"

孔先生说："考虑什么？"

妻子说："去我朋友老公那里工作啊，我都已经跟朋友约好了，你抽时间去她老公的公司一趟，把事情定下来。"

孔先生说："我什么时候说要换工作了？"

妻子说："不是你自己说的吗？你什么态度？我帮你做事还要

看你脸色?你今天必须给我说清楚,你到底是怎么想的?是去还是不去?"

孔先生做投降状,说:"我去,我去还不行吗?但是这件事不能这么着急,你得给我一段时间准备。"

妻子说:"好,就给你一段时间准备。说吧,准备多长时间?"

孔先生想了想,随口道:"三个月吧。"

妻子说:"不行,三个月时间太长,给你三天时间考虑。"

孔先生说:"这怎么行?工作这么大的事,我怎么着也得和亲戚朋友商量一下,当年为了这份工作,大家可是帮我……"

妻子打断孔先生说:"行了行了,此一时彼一时,都是陈年旧账了。给你三天时间,三天之后给我答复。"

孔先生无奈地同意了。在接下来的三天时间里,妻子不断地询问他,孔先生终于不厌其烦,表示自己根本就不想辞职,也不可能去妻子朋友的老公的公司上班。妻子为此大怒,孔先生一怒之下摔门躲了出去,妻子给朋友打电话,满肚子委屈地说:"他怎么就不听我的话呢?"

为什么妻子的话孔先生不听?原因很简单,因为从一开始丈夫就不需要她的建议,也不需要她忙前忙后为自己瞎操心。他说自己不想干了,其实是发发牢骚,最需要妻子温暖的安抚,而不是给他提跳槽的建议。然而,妻子却对此毫未察觉,自以为是地做了很多努力,结果却没有得到丈夫的感谢,反而让丈夫感到厌烦,她也为此愤愤不平。其实，只要她静下心来仔细倾听丈夫的牢骚，就会知道他的真实想法，可惜她没有这样做。

现实生活和工作中，可能我们提出的某个建议非常合理，甚至对方也表示了认可，但他就是不会采纳照办。这种感觉有时候就像是打太极，我们一个建议给出去，他们一个动作接过去，然后若无其事地轻轻放下，表面看上去还没有拒绝的意思。其实，对于很多人和事来说，对方没有任何表示就已经是一种表示了。他们之所以这样做，只是把我们当成了聪明人，以为我们已经明白了他们的潜台词，如果我们在沟通中总是一味地加压，最终得到的不仅仅是拒绝，还有比拒绝更严重的否定。

实际上，我们提出建议的好坏并不重要，重要的是对方需要不需要。正如故事中所讲的，孔先生根本不需要任何具体的建议，妻子却拿着自己的建议拼命塞给他。应该说，为自己的老公提意见并没有错，但是在孔先生第一个模棱两可的意思表达出来后，她就应该意识到自己的做法存在问题，并及时与丈夫沟通，然后尽快校正自己的说法。沟通一定是相互的，我们决不能在完全没有关注对方想法的情况下，要求对方认真听取我们的建议。那么，如何让对方听进自己的话呢？以下从专业角度提出三点注意事项。

1. 情绪导向

即在聊天时把对方的情绪反馈出来，比如对方在抱怨，我们直接问："你是不是有些不满？"此时，对方会反思："我是不是觉得有些不平?"这种反思通常能够让他们跳出主观意识的局限性,从而自觉地带离情绪误区,我们再说什么话也就容易被对方接受了。

2. 含义导向

即把他们话语中的引申义反馈出来,比如,"你是不是想换一份新工作?"这个时候他们可能有两种反应,一种是真的想换工作,但是可能不好意思这么说;另一种就是根本不想换,只是发发牢骚。但不管是哪一种反应,反馈引申义的做法都会让对方的抱怨很快平息下来,这也正是我们想要的沟通结果。

3. 内容导向

这一点更加具体,基本就是把对方说过的话重复一遍,尽量让他们体会到我们的感受,从而引发他们全新角度的思考。当然,在具体的操作过程中我们也要讲究技巧,比如对方抱怨工资低、工作累时,我们可以反问:"你们公司的运转是不是有问题?"如果对方意识到这个问题,他们就会知道,再怎么抱怨也是没用的。

如何克服当众说话的恐惧与紧张

你是否有过不想与人交流或者害怕当众讲话的时刻？你是否觉得只有自己是这样的？其实，大多数人都有这种心理倾向，只是程度不同罢了。卡耐基曾经对自己的学员以及大学生做过调查，发现其中80%～90%的人都产生过不敢当众说话的恐惧感和与人交流的畏难情绪。从某种程度上讲，"交流恐惧"是人与生俱来的。既然如此，那么为什么仍有那么多的人能够在众人面前侃侃而谈，思维逻辑从不混乱呢？为什么还有那么多的人能够在舞台上妙语连珠，从外表上看不到一丝慌张呢？很简单，人们可以通过后天的努力来弥补这种不足，从而弱化在交流时的恐惧与紧张，具体做法如下。

1. 找到恐惧的根源

俗话说："对症下药，才能药到病除。"要想克服当众交流的恐惧，首先应该知道恐惧的根源在什么地方。虽然心理学家认为恐惧是人的一种本能，而且在每个人身上都多多少少地存在，但每个人对不同事物的恐惧的诱因是有差别的。有些人的恐惧可能来源于幼年时的一次不愉快的经历而产生的心理阴影，有些人的恐惧可能来源于对未来的担忧，还有一些人的恐惧可能只是出于性格上的自卑。因此，我们首先要知道自己的恐惧原因属于哪一种，然后再有意识地消除这些恐惧根源。

2. 做些简单的动作

有研究表明，做一些简单的动作可以帮助我们缓解在与人交流时的紧张情绪，比如人们最常说的也最常用的深呼吸。做深呼吸很简单，首先用鼻子深吸气，让气体慢慢地流经你的腹部，然后到你的胸部，等腹、胸部膨胀到极限，屏气几秒钟，再慢慢地从鼻孔呼出这些气体，并轻轻地说声"放松"。只要几秒钟，你的情绪就能放松下来。

除此之外，你也可以通过散步、运动、放松肌肉等来缓解紧张。这些动作做起来都很简单，对场地也没有严格的要求，大家紧张时不妨一试。事实上，很多当众讲话的高手在开始讲话之前，都经常会做一些这样的动作来放松自己。

3. 事前做好准备

美国前总统威尔逊的演说简短有力，非常有艺术性和感召力。曾经有朋友问他做一次演讲需要准备多长时间，他说："这要看情形而定。如果只讲10分钟，要提前一星期做准备；如果讲15分钟，需要提前3天做准备；如果讲半小时，需要提前1天做准备；如果讲1小时，那么，马上就可以开讲。"

很多人会纳闷，威尔逊的言外之意究竟是什么，是想说准备工作重要，还是说准备工作可有可无呢？或许我们也可以这样理解他的话：如果你想做一个高水准的演讲，就要多做准备；如果你只想像和大众拉家常一样地聊聊天，那么随时都可以开始。事实上，即便是那些最顶尖的演说家，在没有任何准备的情况下上台演讲也难免会心慌。那么，他们为什么依然能出色地完成演讲呢？很显然，是经验在起作用。但话又说回来，经验难道不是他们准备工作的一部分吗？所以说，想克服当众讲话的恐惧和紧张，准备工作不可或缺。

4. 平时勤于练习

任何能力都是培养或训练出来的，当众讲话自然也不例外。虽然站在舞台上对大众讲话是一件可遇而不可求的事情，但与一般大众交流是社交的基本功。此时，不管听众人多人少，你都要把它当作自己练习口才、磨炼心智的试验场。如果对方谈论的话题你不擅长，那就先缓一缓。一旦大众谈论的话题是你比较擅长的领域，那就果断一点儿，把自己当作东道主，可主动地发起话题，大声地发表你的观点。如果这次你能够把自己擅长的话题讲开了，那么下次即便面对你不擅长的话题，你也敢讲，而且能够讲得头头是道。

除了在社交场合练习之外，你也可以下载一些录音软件，把你私下练习的内容录下来,然后通过听重播发现问题。你也可以把这些录音发给朋友,听听他们的意见。这时候不要怕出错,也不要怕出丑,因为你所经历的一切,都是当众交流达人或演说家们曾经经历过的。

5. 直面你的恐惧

一般情况下,避免恐惧有两种方法:一种是远离让你恐惧的事物,另一种是直面你的恐惧。在恐惧面前,你强它就弱,你弱它就强。如果你不采取热诚主动的态度去与周围的人交往,恐惧就会像洪水猛兽一般侵蚀你的心灵,让你的肌肉因过度痉挛而无法控制。因此,我们应直面恐惧。如果当众讲话会让你紧张,那就别怕失败,多试几次;如果在舞台上讲话会让你恐惧,那就私下营造氛围,多练习几次。当你习惯于直面恐惧的时候,恐惧就会悄无声息地溜走。

放下自己,沟通无阻

有一个老和尚带着小和尚外出游学,他们经过一座村庄时,遇到一条小河,河边有一个美貌女子,穿着非常得体,衣服很干净,鞋袜整洁,正在焦急等待着什么。老和尚上前询问:"女施主,请问,这条小河上可有船和桥?"

女子说:"这条小河很浅,只要徒涉即可,所以没有船和桥。可是大师,我要过河去城里看戏,不能弄脏了衣服,您可不可以背我过去?"

老和尚说:"佛陀以度天下人为己任,今日我背你过河,有何不可。"

说完,老和尚背起美貌女子过河,小和尚从后面拉着他的衣角。果然如女子所说,河水最深处不过是到老和尚的膝盖而已,根本没有淹没的危险。

告别美貌女子之后,老和尚继续带着小和尚赶路,天黑后二人来到一家寺庙住下,寺里的和尚热情地接待了他们,老和尚也与人说笑。然而一旁的小和尚却始终闷闷不乐,有同龄的小和尚上前搭话,他也不理不睬。

入斋房歇息后,老和尚盘腿打坐,闭目养神,似乎这一天什么事情都没有发生。小和尚却如坐针毡,气不打一处来。老和尚忽然睁开眼,说:"什么事放不下?"

小和尚犹豫了一下说:"佛陀不让我们起心动念,不能有色心起,更不能与女子有肌肤之亲。可是今天,师父背一女子过河,是不是有悖佛祖的教诲啊?"

老和尚又闭上眼睛说:"是与不是,我早已把她放下,你又何苦执着呢?"

为什么人们总是会纠结一些事情,或者对一些事情过于执着呢?

就是因为放不下。而人最最放不下的正是自己。我们认为某件事情应该是这样的,但别人提出了不同的意见,所以我们不能接受,并且认为对方是错的,甚至想要全盘否定对方的意见。如果把这样的思维定式带入与人沟通的过程中,那么定会让沟通陷入僵局。相反,如果我们能够放下自己的成见,把沟通的第一目标锁定在解决问题上,而不是固执地用自己的方法去解决问题,最终的结果可能比预期的更好。

下面,我们来具体了解一些具体的沟通技巧,确保自己能够在放下自我的前提下,与人进行沟通。

1. 给评论不如给观点

国人的性格较为内敛，因而总是不愿先说出自己的观点，更少有人会主动表达自己的观点，而是先让别人说。但等到别人说了他们的想法后，很多人却不去思考这种方案的可行性，而是给出自己的主观评价，好像自己是一个资深专家，或者认为自己提出的方案优秀得多。这样不知不觉中引起了别人的反感，以至于自己的方案提出来之后，不管优劣，立即引起讨伐声一片。

2. 给观点不如给感受

什么是感受？伤心、高兴、喜欢、厌恶，大多数国人是讷于表达感情的，可既然不表达，对方又怎么知道呢？如果我们被对方冤枉了，不要急着去解释什么，那样只能让沟通陷入争辩当中。我们可以直接说出自己的感受，比如"你有过被人冤枉的感觉吗？想想看，那种感觉怎么样？有没有很难过？不管你相不相信，现在你对我说的这些话，正让我深深感受着被冤枉的痛苦。"

3. 给感受不如给事实

一千个人眼中有一千个哈姆雷特，每个人都可以有自己的感受，但是事实只有一个。在与人交谈的过程中，如果我们能够抓住一个不容辩驳的事实，并且在适当的时候说出来，就很容易起到"定海神针"的作用。比如"你总是说吸烟没事，可是你知不知道，全球每年有多少人直接死于吸烟？又有多少人间接死于吸烟？我告诉你，有500万人直接死于吸烟，平均每个小时有460人死于吸烟，并且这个数字还在急剧增加。"既然事实都摆在了眼前，对方会很容易消除疑虑，会很轻易地被说服。

4. 给事实不如给方案

谁都希望问题能够尽快得到圆满顺利地解决，只是因为情绪的失控把太多人带入死胡同，以至于交流氛围越来越糟。因此，如果我们能够提供一个切实可行的解决方案，并且对方能够接受，这个方案就会如同重磅炸弹一样，立即将争论炸得无影无踪，随后，沟通就会变得顺畅无比。当然，我们也可以转问对方、向对方寻求解决方案，如果我们能接受，也可以顺利解决问题。

不过大多数情况下，沟通双方的方案都不会立刻得到对方的认同，但只要双方的解决方案能够相互折中，把注意力盯在方案上，仍有助于做出最好的选择。

5. 给方案不如给好处

不管我们给出了一个什么样的方案，都要尽可能地考虑到对方的利益。如果我们能够给对方切切实实的好处，并且能让他们感受到我们的尊重，对方又有什么理由不就范呢？在此基础上，我们再向他们列出不这样做的坏处，恐怕对方就乐得言听计从了。